믿음
사용설명서

국제제자훈련원은 건강한 교회를 꿈꾸는 목회의 동반자로서 제자 삼는 사역을 중심으로
성경적 목회 모델을 제시함으로 세계 교회를 섬기는 전문 사역 기관입니다.

믿음 사용설명서

초판 1쇄 발행 2010년 9월 30일 **초판 5쇄 발행** 2010년 11월 26일
지은이 옥성석 **펴낸이** 김명호 **펴낸곳** 도서출판 국제제자훈련원
기획책임 박주성 **마케팅책임** 김석주 **편집책임** 장병주 **디자인책임** 고경원
디자인담당 정선형
등록번호 제22-1240호(1997년 12월 5일)
주소 (137-865) 서울시 서초구 서초1동 1443-26
e-mail dmipress@sarang.org **홈페이지** www.discipleN.com
전화 내용문의 (02)3489-4310 구입문의 (02)3489-4300 **팩스** (02)3489-4309

ISBN 978-89-5731-497-5 03230

※가격은 표지 뒷면에 있습니다. 잘못된 책은 구입하신 곳에서 교환해 드립니다.

믿음 사용설명서

믿음으로 할 수 있는 놀라운 일들을 알려 주는 친절한 안내서

옥성석 지음

국제제자훈련원

서문

믿음, 그 혜택을 경험하기 원한다

고아원의 한 소년에게 미국으로부터 초대장이 날아왔다. 그 고아원을 쭉 후원해 오던 한 부부가 초대장과 함께 배표를 보낸 것이다. 가진 것 하나 없던 이 소년은 삶은 계란 몇 개와 생쌀 한 봉지를 마련해서 배에 올랐다. 미국까지 가는 두어 주 동안 소년은 생쌀을 씹으며 버텨야 했다. 남들은 매끼마다 식당에서 맛있는 음식을 먹는데 말이다. 미국에 거의 도착할 때쯤 이 소년은 더 이상 배고픔을 견디지 못하여 식당 안을 이리저리 기웃거리고 말았다. 그때 한 승무원이 다가왔다. "여기서 뭐하는 거니?" "아니요, 배가 너무 고파서…" "그럼 들어가서 밥을 먹지 그래." "하지만… 저는 돈이 없어요." "배표는 가지고 있니?" "네, 여기 있어요." "……" 소년은 뱃삯에 식사비가 포함되어 있다는 사실을 알지 못한 채 허기진 배를 움켜쥐고 태평양을 건넜던 것이다.

이미 많이 알려진 이야기다. 내가 하고 싶은 이야기는 배표를 제대로 사용하지 못한 이 소년처럼 오늘 날 크리스천들도 '믿음'이란 배표를 제대로 사용하지 못하고 있다는 것이다. 우리가 믿음을 가졌다는 것은 천국을 향해 가는 배에 오른 것과 같다. 믿음이 바로 그 배표다. 배표를 가진 사람은 그 긴 여정 중에서도 맛있는 식사와 파티 등, 온갖 것을 다 누릴 수 있다. 그런데 혹시 이 소년처럼 인생이라는 항해에서 쫄쫄 굶고 있지는 않은가? 배고픔에 식당 주변을 서성이고 있지는 않는가? 인생이라는 항해에서 믿음의 배표를 가진 사람은 천국에 도착할 때까지 풍성한 혜택을 누린다. 나는 오늘 날 크리스천들에게 믿음을 가졌다면서 이 모든 것을 포기하고 사는 것은 아닌지 묻고 싶다. 믿음을 사용하길 원한다. 그 혜택을 경험하기 원한다.

로마의 성 베드로 사원, 그 중앙 회중석에 커다랗게 새겨진 라틴어 글귀는 내방객들의 시선을 잡아 끈다. "시몬아 시몬아 들으라. 보라 사탄이 이제는 키로 밀을 까부르듯이 너희를 제멋대로 다루게 되었다. 그래서 나는 네가 믿음을 잃지 않도록 기도하였다"(눅22:31-32, 공동번역).

위대한 사도 베드로를 기념하여 세운 웅장하고 영광스런 그 현장 중심에 하필이면 그의 실패를 기억나게 하는 이런 참담한 성구를 새긴 이유는 무엇일까? 그렇다. 베드로는 키질을 당하고 있었다. 키질은 두 가지 가능성을 내포하고 있다. 하나는 알곡을 얻을 가능성이며, 또 하나는 알곡조차 날릴 가능성이다. 사탄은 끊임없이 키질을 했다. 베드로가 가진 그 무엇인가를 날려버리려 했다. 그것은 믿음이라는 알곡이었다. 그래서 주님은 베드로가 '믿음'을 잃지 않도록 기도하신 것이다.

우리는 사탄이 끊임없이 키질하는 타작마당에 서 있다. 이런 우리가 점검해야 할 것이 무엇인가? 그것은 믿음이다(고후 13:5). 사탄과의 영적전투에서 마지막 순간까지 손에서 떨어뜨리지 말아야 할 것이 무엇인가? 그것 역시 믿음이다(계 2:13). 중요한 것은 이 믿음이 과연 무엇이며 어떻게 사용할 것인가이다.

필자가 섬기는 충정교회는 2000년대 초까지 서울 서대문구에 위치해 있었다. 당시 교회의 현실은 암담하기 그지없었다. 그야말로 '사방으로 우겨쌈'(고후 4:8)을 당한 형국이었다. 1989년, 36세의 나이로 부임한 이후 무려 십 년 가까이 젊음과 열정을 다 쏟아 씨를 뿌렸으나 기대했던 열매는 맺혀지지 않았다. 낙심 중에 강대상에서 밤을 지새우던 어느 날 '믿음이 작은 자들아'(마 6:30)란 음성이 확성기의 소리처럼 귓전을 때렸다. 급히 성경을 펼쳤다. 그리고 신약 마태복음에서 시작하여 요한계시록까지 '믿음'이란 단어가 어디에 어떻게 등장하고, 어떤 때 어떤 용도와 의미로 쓰이는지를 확인하면서 세심하게 읽어 나갔다.

그렇게 천천히 읽어가는 과정에서 그 믿음이 πίστις(피스티스)명사형에서 πιστεύω(피스튜오) 동사형으로, 그리고 서신서에서 πιστός(피스토스, 충성)로 나아가고 있음도 발견했다.

주님이 원하시는 것은 단순히 입술로 고백하는 믿음이 아니었다(마 7:22). 내가 믿는 바를 행동에 옮기는 믿음이었다(마 7:21). 더 나아가 믿는 바를 행동에 옮기되 '충성스럽게' 실천하는 것이었다(고전 4:2). 그렇다. 참된 믿음, 그것은 그저 바라만 보고 마는 것이 아니다. 이런 류의 믿음에는 역사가 나타나지 않는다. 기적이 일어날 수 없다. 죽은 믿음이기 때문이다(약 2:17). 믿음을 사용해야 한다. 구체적으로 어떻게 사용해야 한단 말인가?

히브리서 11장에는 열여섯 명의 선진들이 등장한다. 저들의 모습을 면밀히 검토해 보라. 그 어느 한 사람 넋이 바라만 보고 있거나, 입을 벌린 채 감나무 아래서 감이 떨어지기만을 기다린 자는 없었다. 저들은 한결같이 '믿음'이란 개념을 머리 혹은 가슴에 담고만 있지 않았다. 하나님이 은혜의 선물로 주신 믿음을 삶의 현장에서 사용했다. 저들은 예외 없이 '명사형'이 아닌 '동사형' 더 나아가 '충성형' 믿음의 소유자들이었다. 이러한 자들에게 놀랍고 기이한 역사와 기적이 나타난 것이다.

침묵할 수 없었다. '역사하는 믿음'을 주목하기 시작했다(살전 1:3). 아벨을 위시한 믿음의 선진들이 자신들의 믿음을 어떻게 사용했는지, 성도들과 함께 나누었다. 그리고 하나님은 그 말씀이 증거되는 현장에 놀라운 일들을 행하셨다. 교회를 충정로에서 일산으로 옮기게 해 주셨고, 이어 예비해 놓으신 풍성한 축복을 누릴 수 있는 은총을 베푸셨다. 그야말로 아론의 마른 막대기에서 꽃이 피고, 열매를 맺는 기이한 일들을 경험하게 하셨다(민 17:8). 그래서 나는 '이젠 모든 것이 끝났어'라고 생각하며 용기를 잃고 좌절해 있는 모든 사람들에게 내가 경험한 이 많은 기적들이 함께하기를 소망한다.

발간에 즈음하여 뇌리에 떠오르는 몇 분이 있다. 필자의 사역발자취에 지워질 수 없는 영적 멘토이신 옥치상, 장차남 목사님, 또 한분 '원색 복음'의 파워가 얼마나 강한지, 설교자의 삶이 어떠해야 하며, 어떻게 말씀을 준비하고 전해야 하는지를 몸소 가르쳐 주신 사촌형 옥한흠 목사님을 떠올린다. 출간을 기뻐하며 쾌히 '추천사'를 써 주시겠다는 언질까지 주셨는데, 책의 마무리 작업이 막바지에 이른 9월 초 '제자 됨의 교회'란 과제를 후배들에게 남기신 채 황망히 하나님의 부름을 받으셨다. 아픈 마음, 쉽게 아물지 아니할 것 같다.

충정교회 교우들은 나의 영원한 동반자들이다. 매주 말씀에 집중하며, 설교자로 하여금 더욱 힘 있게 메시지를 전할 수 있도록 격려해 주는 초롱초롱한 눈빛이 없었다면 오늘의 나는 존재할 수 없었을 것이다. 국제제자훈련원의 장병주 편집장을 위시한 관계자들의 노고도 기억한다. 필자의 책이 출간될 때마다 세세한 부분까지 정성을 쏟아 세상에 빛을 보도록 수고를 아끼지 않기 때문이다. 덧붙여 원고 교정에 수고한 김민규 목사님, 그리고 변함없이 그림자처럼 내조의 길을 걸어오고 있는 사랑하는 아내와 우리 가정의 보배인 주리, 찬영이를 허락하신 하나님께 감사와 영광을 돌린다.

"내가 너희에게 이르노니 속히 그 원한을 풀어 주시리라 그러나 인자가 올 때에 세상에서 믿음을 보겠느냐 하시니라"(눅 18:8).

주후 2010년 9월 30일

옥성석 목사

차례

서문 | 믿음, 그 혜택을 경험하기 원한다 _4

프롤로그 | 무엇이 우리를 움직이게 하는가 _15

1장. 아무도 하지 않는 일에 숨은 비밀 _31

농사짓는 자 vs 양치는 자 _32
세월이 지난 후에 _35
차남에게 주어지는 축복 _39
핵심에 집중하라 _43

2장. 평범한 삶이 기죽지 않는 이유 _47

영적 전율을 경험하라 _48
죽음을 뛰어 넘는 축복 _50
'자녀 낳음'과 '하나님과 동행' 사이의 상관관계 _53
평범함 속에 숨겨놓은 하나님의 소원 _61

3장. 일생을 걸 한 가지 일을 하라_65

아직 보이지 않는 일 _66
뜻한 것을 이루시다 _70
120년 동안 한 가지 일만 하다 _73
지금 그 일에 최선을 다하고 있는가? _76

4장. 고향을 떠날 용기가 있는가?_81

고향의 까마귀도 반갑다 _82
고향 떠나기를 보채시는 하나님 _85
나온바 고향과 더 나은 본향 _88
인생은 본향으로의 U턴 _90

5장. 웃음 뒤에 숨어서 오는 기적_95

표현되어야 안다 _96
출생의 비밀, 고달픈 인생 _98
장탄식이 박장대소가 되다 _102
웃는 자의 인생은 아름답다 _105

6장. 올인도 두렵지 않다_111

자식을 걸다 _112
아버지에게 걸다 _114
물이 나올 때까지 파라 _117
적당한 타협은 없다 _119

7장. 풀죽은 인생, 기(氣) 살리는 방법_125

약점이 많은 사람들 _126
죽음, 축복, 경배 _129
져주기 위한 결투 _133
하나님을 이긴 자가 못 이길 것은 없다 _136

8장. 영원히 머물 곳에 뼈를 묻어라_141

어떤 유언을 남길 것인가 _142
내 해골을 메고 떠나라 _145
거대한 장례 행렬 _148
사람은 모두 죽음을 간직하고 산다 _152

9장. 터널을 지나야 별이 보인다_157

약한 자를 보는 하나님의 관점 _158
양치기가 된 왕자 _163
인생을 접어야 할 때 찾은 산 _167
절대로 끊어지지 않는 줄 _170

10장. 위기를 넘길 붉은 줄을 가졌는가?_175

마지막 주자 _176
붉은 줄에 담긴 약속 _178
무너지는 성에서 붙잡은 붉은 줄 _183
붉은 줄이신 예수를 붙잡으라 _186

11장. 시련의 칼바람에 맞서는 비공_193

움직이지 않는 것은 죽은 것이다 _194
내 마음에 맞는 사람 _197
시편 23편 _199
원수의 목전에서도 당당한 비결 _203
좋을 때나 나쁠 때나 ☐☐☐ 하라 _209

12장. 춤추는 고래로 살아가는 법_213

평생 잊지 못할 사건 _214
파(波)는 파(破)를 부른다 _218
다스리는 자가 받아야 할 것 _221
칭찬은 죽음도 이기게 한다 _224

에필로그 | 이 시대 진정한 나침반은 무엇인가?_231

믿음 사용설명서

믿음으로 할 수 있는 놀라운 일들을 알려 주는 친절한 안내서

프롤로그

무엇이 우리를 움직이게 하는가

(히 11:1-3)

쓰나미 앞에 선 사람들

영화란 그 시대의 다양한 모습들을 비춰 주는 거울과 같다고 한다. 지난 2009년 여름에는 한 편의 영화가 대한민국 극장가를 뜨겁게 달구었다. 바로 〈해운대〉란 영화다. 이 영화가 피서 철 및 피서지와 맞물려서 고공행진을 했다. 1,000만 명이 넘게 이 영화를 관람했다. 한 집안에 한 명은 이 영화를 본 셈이다. 나도 여러 목사님들과 함께 이 영화를 관람했다. 제목 그대로 화면 가득히 부산 해운대의 모습이 펼쳐졌다. 그러던 어느 날 엄청난 쓰나미가 해운대를 덮쳤고 그 가운데 훈훈한 가족애와 사랑이 실제보다 더 실제 같은 장대한 스케일의 장면 안에서 펼쳐졌다. 해운대, 한여름 피서객들로 인산인해(人山人海)를 이룰 때 '쓰나미가 덮친다!' 과연 있을 법한 일인가? 그래서 단지 허무맹랑한 이야기에 불과한가?

수년 전 인도네시아, 태국, 인도에 쓰나미가 덮친 적이 있다. 그 쓰나미는 히로시마에 떨어졌던 원자폭탄 200만 개 이상의 위력을 지닌 엄청난 규모였다고 한다. 쓰나미가 쓸고 지나간 자리에는 수많은 사람들의 익사체가 즐비했다. 그런데 놀라운 것은 그곳에 야생동물들의 시체는 하나도 없었다고 한다. 왜냐하면 지진의 진동을 먼저 느낀 야생동물들이 미리 대피했기 때문이었다. 그러나 사람들은 이성, 경험, 과학, 혹은 눈에 보이는 것만 믿고 있다가 그렇게 당했다. 영화 〈해운대〉에서처럼 말이다. 사람이 매사에 무척이나 지혜롭고 똑똑한 척 굴지만 어떤 때에는 짐승보다 못하다.

영화 〈해운대〉에는 수많은 사람이 등장하지만 막상 쓰나미가 덮쳐 오자 그들은 세 부류로 나뉘어졌다. 첫 번째 부류는 길을 선택하여 혹은 이 길로, 혹은 저 길로 도망쳤다. 해운대의 여러 좁은 뒷길들이 화면에 등장했다. 두 번째 부류는 뭔가를 꽉 붙잡고 매달렸다. 전신주 같은 것이다. 세 번째 부류는 어딘가에 자신의 몸을 숨겼다. 예를 든다면 아파트 자기 방 같은 곳이다. 어떤 방법이 좋았는가를 떠나서 그들은 무엇을 근거해서 혹은 길을 선택하고, 혹은 전신주를 붙잡고, 혹은 아파트 자기 방 안에 몸을 숨겼는가? 믿음이다. 믿음에 근거해서 길, 전신주, 아파트를 선택했다. 자신이 선택한 그 무엇인가가 자신을 지켜 줄 것이라고 믿었다. 그러나 쓰나미는 그 믿음 위를 덮쳐 버렸다. 모두 다 쓸려갔다. 그 순간에 저들의 믿음도 함께 휩쓸려갔다. "주께서 그들을 홍수처럼 쓸어가시나이다"(시 90:5)라는 모세의 고백이 서절로 떠올랐다.

그런데 그런 쓰나미가 영화에만 나오는 것일까? 어쩌면 오늘 내 앞에 혹은, 내 안에서 수없이 만들어지고 덮쳐오고 있는지 않은가? 절대 그럴 일 없다고 자만하고 있다면 내가 경험한 몇 가지 예를 들어 보겠다. 참으로 안타까운 일이지만 이런 일들은 우리 주변에서 얼마든지 비일비재하게 일어날 수 있다.

그 남자는 육사(陸士)를 졸업하고 현역 소령으로서 규칙적인 운동과 종합검사를 해왔기 때문에 건강 하나만은 자신 있었다. 그런 그가 어느 날 갑자기 대장암으로 급히 수술하고, 본의 아니게 전역까지 하게 되었다. 그는 지금 가족들과 떨어져 기도원에 들어가 요양하고 있다. 어린 두 아들이 성경, 찬송을 들고 나와 무릎을 꿇고 예배하는 모습은 보는 이의 마음을 아프게 한다.

한 조신(操身)한 여인이 있었다. 그녀의 남편 또한 존경받는 위치에 있는 사람이었다. 어린 자녀를 둔 이 여인이 무료한 시간을 달래보려고 인터넷을 만지작한 것이 화근이 되었다. 채팅을 하게 되었고, 거기서 남자를 알게 되었다. 한번 그 세계에 빠져 들어가니 분별력이 사라져 버렸다. 결국 남편과 아이를 남겨두고 그 남자를 따라 집을 나가 버렸다. 한 순간에 단란했던 가정이 풍비박산이 나고 말았다.

이런 것이 쓰나미가 아니고 무엇인가? 큰 건물이 무너지고 수많은 사람이 죽어야 쓰나미인가? 한 가정, 한 사람에게 닥친 위기도 핵폭탄보다 더 큰 쓰나미가 될 수 있다. 한 개인이나 가정뿐 아니라 사업장에도 쓰나미가 밀려올 수 있다. 직장에 불어 닥친 쓰나미로 인해 실직자가 되어 멍하니 허공만 바라보는 사람들도 있다. 우리 주변 그 어디에도 안전한 곳이 없다. 당신은 지금 어떤 쓰나미 앞에 서 있는가? 그 쓰나미 앞에서 어떤 대비책을 세우고 있는가? 어느 길을 선택하려는가? 과연 무엇을 붙잡으려는가? 어디로 몸을 숨기고 피해야 안전할 것이라고 생각하는가?

네가 붙잡은 것은 무엇인가?

나는 지금 '믿음'을 묻고 있다. 왜냐하면 사람들은 자신의 믿음에 따라 길을 선택하기 때문이다. 믿기에 그 무엇인가를 붙잡는다. 믿음이 있기에 그 믿음 안으로 몸을 피한다. 화면 가득히 밀려오는 해운대의 쓰나미를 보는 내 안에서 영의 음성이 들려왔다. "너는? 너는? 너는? 어느 길을 선택하려느냐? 너는 무엇을 붙잡으려느냐? 너는 무엇에 의지하려느냐?" 한마디로 생의 전환기 앞에서 '너는 무엇을 믿느냐'는 물음이었다.

성경을 펼쳤다. '믿음'하면 자연스럽게 떠오르는 성경인 히브리서 11장을 펼쳤다. '믿음이란 과연 무엇일까?'라는 원초적인 궁금증을 가지고 말이다. 히브리서 11장은 이렇게 시작되고 있었다.

> "믿음은 바라는 것들의 실상이요 보이지 않는 것들의 증거니 선진들이 이로써 증거를 얻었느니라"(히 11:1-2).

믿음이란, '바라는 것이다.' 이것이 과연 믿음인가? 이것이 믿음에 대한 충분하고도 완전한 정의인가? 믿음이라는 것을 이렇게 간단하게 한 문장으로 처리해 버릴 수 있는 것인가? 그 누구든지 무조건 가만히 바라만 보고 있으면 그 바라는 대로 이루어진다는 말씀인가? 그게 아니다. 이 말씀은 믿음에 대한 정의가 아니라는 확신에 이르게 되었다. 그래서 이 말씀의 앞뒤를 살피기 시작했다. 본문의 말씀이 잘 이해되지 않을 때는 그 본문의 앞뒤를 살피는 것이 정석(定石)이기 때문이다.

히브리서 10장에는 어떤 말씀이 있으며, 히브리서 12장은 어떻게 이어져 나가는지를 살폈다. 그러면서 히브리서 11장 1절의 믿음은 히브리서 10장 38절과 깊은 연관이 있음을 발견했다.

"나의 의인은 믿음으로 말미암아 살리라 또한 뒤로 물러가면 내 마음이 그를 기뻐하지 아니하리라 하셨느니라"(히 10:38).

'의인은 믿음으로 살아야 한다'는 이 말씀은 하박국 2장 4절, 로마서 1장 17절, 갈라디아서 3장 11절에도 등장한다. 여기서 의인(義人)이 등장한다. 그것도 '나의 의인'이다. 단순히 그가 누구든지 '믿음' 또는 '확신'을 가지면 그것이 이루어지고, 열매 맺는 것이 아니다. 여기에는 조건이 있다. 그것은 바로 '의인이 가진 믿음'이다. 그러면 여기에서 '의인'은 누구인가?

"또 미리 정하신 그들을 또한 부르시고 부르신 그들을 또한 의롭다 하시고 의롭다 하신 그들을 또한 영화롭게 하셨느니라"(롬 8:30).

"그런즉 누구든지 그리스도 안에 있으면 새로운 피조물이라 이전 것은 지나갔으니 보라 새 것이 되었도다"(고후 5:17).

여기에서 '의인'은 예수 그리스도로 말미암아 죄 씻음 받고, 하나님의 자녀로 인(印)침을 받은 자들이다. 더 쉽게 말하면 예수 믿는 자들이다. 그런데 의인, 즉 그 믿음의 자녀들이 지금 어떤 상태에 놓여 있는가?

"나의 의인은 믿음으로 말미암아 살리라 또한 뒤로 물러가면 내 마음이 그를 기뻐하지 아니하리라 하셨느니라 우리는 뒤로 물러가 멸망할 자가 아니요 오직 영혼을 구원함에 이르는 믿음을 가진 자니라"(히 10:38-39).

그리고 히브리서 12장 1절과 2절에서는 뭐라고 말씀하시는가?

"이러므로 우리에게 구름 같이 둘러싼 허다한 증인들이 있으니 모든 무거운 것과 얽매이기 쉬운 죄를 벗어 버리고 인내로써 우리 앞에 당한 경주를 하며 믿음의 주요 또 온전하게 하시는 이인 예수를 바라보자"(히 12:1-2a).

이 두 구절을 자세히 보면 공통점이 있다. '우리'란 일인칭 복수형의 사용이다. 여기서 말하는 '우리'는 누구인가? 믿음의 순례자다(히

10:39, 12:1). 예수를 믿는 하나님의 자녀들이 순례의 길을 걸어가고 있다. 그런데 그 순례자가 어떤 환경에 처해 있는가? '뒤로 물러가면'(히 10:38), '뒤로 물러가'(히 10:39)란 말이 두 번이나 반복되고 있다. 지금 대단히 어렵고 힘든 상황이다. 포기하고 싶다. 주저앉고 싶다. 더 이상 걸어갈 힘이 없다. 마치 로뎀나무 아래에 쓰러져 죽기를 원하는 엘리야와 같은 상태다. 예루살렘에서 뒤로 물러가 엠마오로 터덜터덜 걸어가던 두 제자와 다를 바 없다. 사자굴에 던져진 다니엘과 같은 상황이다. 깊은 굴 속에 숨을 죽인 채 숨어 있는 다윗과도 같다. 믿었던 머리칼이 다 밀리고, 두 눈까지 뽑힌 채 감옥에서 맷돌을 돌려야 하는 삼손과 같은 처지에 놓여 있다. 이런 상황에서 의인, 즉 믿음의 사람이 해야 할 것이 무엇인가? 바라는 것이다. 도대체 무엇을 바란다는 말인가? 어떻게 바란다는 말인가?

바라는 것들의 실상

"믿음의 주요 또 온전하게 하시는 이인 예수를 바라보자 그는 그 앞에 있는 기쁨을 위하여 십자가를 참으사 부끄러움을 개의치 아니하시더니 하나님 보좌 우편에 앉으셨느니라"(히 12:2).

그렇다면 믿음은 예수를 바라보는 것일까? 그런데 왜 히브리서 11

장 1절에는 '목적어'가 생략되어 있을까? 그저 '바라는 것들'이라고만 말씀하고 있을 뿐이다. 뿐만 아니라 헬라어로 ἐλπίζω(엘피조, 기대하다, 희망하다)란 단어를 쓰고 있으며(히 11:1), ἀφοράω(아포라오, 어떤 것에 시선을 고정시키다)라는 단어를 쓰고 있지 않는가?(히 12:2) 그래서 히브리서 10장과 12장만 살펴서는 안 되겠다 싶어 신약 첫 장, 첫 절부터 정독해 나가기 시작했다. 신약에서 '믿음'이라는 단어가 어디쯤에서 제일 처음 등장할까 기대하는 마음으로 읽어 나갔다. '믿음'이란 단어와의 첫 만남은 내게는 충격이었다. 마태복음 6장 30절의 '믿음이 작은 자들아' 이것이 처음이었다.

"오늘 있다가 내일 아궁이에 던져지는 들풀도 하나님이 이렇게 입히시거든 하물며 너희일까보냐 믿음이 작은 자들아"(마 6:30).

이것은 나를 향해 꾸짖는 말씀이었다. 그래서 나도 모르게 마태복음 6장 30절을 노트에 기록했다. 그때부터 믿음이라는 단어가 등장할 때마다 그 구절을 기록해 나갔다. 믿음이란 단어가 두 번째로 등장하는 곳은 어디인가?

"예수께서 들으시고 놀랍게 여겨 따르는 자들에게 이르시되 내가 진실로 너희에게 이르노니 이스라엘 중 아무에게서도 이만한 믿음을 보지 못하였노라"(마 8:10).

마태복음부터 요한계시록까지 믿음이란 단어가 등장하는 구절을 빠짐없이 적어 보았다. 신약성경에서 믿음이라는 단어는 모두 491번 등장한다. 마태복음 19번, 마가복음 19번, 누가복음 12번, 요한복음 98번, 사도행전 55번, 로마서 60번, 고린도전서 23번, 고린도후서 14번, 갈라디아서 26번, 에베소서 7번, 빌립보서 4번, 골로새서 5번, 데살로니가전후서 19번, 디모데전후서 23번, 디도서 8번, 빌레몬서 2번, 히브리서 36번, 야고보서 19번, 베드로전후서 12번, 요한 1,2,3서 11번, 요한계시록 5번, 총 합계 491번이다.

성경을 '믿음'이라는 단어에 초점을 맞추고 정독한 것은 이번이 처음이었다. 오로지 '믿음' 하나에만 온 신경을 곤두세우고, 집중하면서 읽고 기록하는 도중 몇 가지 귀중한 깨달음을 얻게 되었다.

그 첫 번째로 예수님은 오로지 '믿음', 이 하나에 집중하고 있다는 사실이다. 예수님은 자신 앞에 닥친 문제가 얼마나 큰지, 자신이 어떤 환경에 놓여 있는지에는 별로 관심이 없으셨다. 그분의 주된 관심은 오로지 믿음이었다. 그 믿음이 어떤 믿음인가? 그 믿음이 큰가(마 15:28), 아니면 작은가(마 6:30), 자라고 있는가, 정체되어 있는가?

두 번째로 예수님뿐만 아니라 신약성경의 전체 흐름도 믿음에 초점을 맞추고 있었다. 구원받을 만한 믿음인가 아닌가(행 14:9). 그 믿음이 참된 믿음인가(히 10:22), 아니면 거짓된 믿음인가. 믿음이 있는가 혹은, 없는가(고후 13:5).

세 번째로 야고보서를 떠올리면 우리는 흔히 '행함'을 강조한다고 생각한다. 하지만 이 야고보서에 제일 많이 언급된 단어는 놀랍게도 '믿음'이었다. 책 분량만 놓고 따진다면 성경에서 '믿음'을 제일 많이 언급하고 있는 책이 야고보서다. 그렇다면 신약성경에서 '믿음'이란 단어가 제일 많이 등장하는 성경은 무엇일까? 그것은 요한복음이다. '요한'이라고 하면 우리는 사랑의 사도라고 생각하고 있다. 맞는 말이다. 그런데 사랑의 사도인 요한이 제일 많이 언급한 것은 '사랑'이 아니고, '믿음'이었다는 사실은 내게 있어서 큰 깨달음이었다. 마태복음 19번, 마가복음 19번, 누가복음 12번, 합계 50번이다. 그런데 요한복음에는 무려 98번이나 '믿음'이라는 단어가 등장한다. 그 요한복음에서 '믿음'이란 단어가 제일 많이 등장하는 장은 어느 장일까? 요한복음 11장이다.

요한복음 11장에는 어떤 사건이 기록되어 있는가? 죽은 지 나흘이나 되어 썩어 냄새나는 나사로를 살리시는 현장이다. 모든 상황이 종료되었다. 중병을 앓다가 죽었고, 장사(葬事)도 끝냈다. 그런데 그 죽은 나사로의 무덤 앞에서 주님이 말씀하신다. "돌을 옮겨 놓으라"(요 11:39a). 그때 누이 마르다가 나선다. 그리고 이렇게 말한다. "주여 죽은 지가 나흘이 되었으매 벌써 냄새가 나나이다"(요 11:39b). 이때 주님께서 그녀를 책망하신다. "내 말이 네가 믿으면 하나님의 영광을 보리라 하지 아니하였느냐"(요 11:40).

이 마르다가 누구인가? 베다니 마을 동구 밖에서 주님은 마르다에게 말씀하셨다. "나는 부활이요 생명이니 나를 믿는 자는 죽어도 살

겠고 무릇 살아서 나를 믿는 자는 영원히 죽지 아니하리니 이것을 네가 믿느냐"(요 11:25-26). 그때 마르다가 대답했다. "주여 그러하외다 주는 그리스도시요 세상에 오시는 하나님의 아들이신 줄 내가 믿나이다"(요 11:27). 정말 완벽한 고백이다. 하지만 그의 고백은 입술만의 고백이었다. 중심이 실려 있지 않았다. 만약 그가 그때 중심을 담아 고백했더라면 '돌을 옮겨놓으라'(요 11:39)는 주님의 말씀에 순종하여 돌을 옮겨 놓았을 것이다. 그런데 이런저런 핑계를 대며, 돌을 옮겨놓지 않으려고 한 것이다. 말씀에 순종하여 돌만 옮겨놓으면 되는데, 역사(役事)는 주님이 하시는데, 옮겨놓지 못했다. 그래서 더 자세히 보니 공관복음(마태복음, 마가복음, 누가복음)의 믿음과 요한복음의 믿음이 서로 색깔이 다르다는 것을 확인했다.

기다리기만 하는 자에게 값은 떨어지지 않는다

공관복음에서는 '믿음'을 πίστις(피스티스)란 명사형을 쓰고 있다. 그런데 요한복음에서는 '믿음'을 πιστεύω(피스튜오)란 동사형을 쓰고 있다. 요한은 단 한 번도 πίστις(피스티스)란 단어를 쓰지 않는다. πιστεύω(피스튜오)란 단어를 사용한다. 믿음에 대한 그의 강조점은 요한복음 11장, 나사로를 살리시는 현장에서 그 절정을 이룬다. 마르다의 믿음은 어떤 믿음이었는가? 명사형의 믿음, 고백의 믿음이었다.

그렇다면 주님이 원하시는 믿음은 무엇인가? 돌을 옮겨놓는 믿음, 동사형의 믿음, 믿는 바를 행동에 옮기는 실천적인 믿음을 요구하셨던 것이다. 이것이 참 믿음이라는 말이다.

믿음이 그저 바라만 보고 있는 것일까? 아니다. 그저 멍하니 바라보는 믿음에는 하나님의 역사(役事)가 절대 일어나지 않는다. 기적이 나타나지 않는다. 믿음은 바라보는 것이 아니다. 히브리서 11장 4절부터 40절까지를 보라. 믿음의 선진들이 16명 등장한다. 아벨부터 사무엘까지다. 이들의 모습을 자세히 살펴보라. 이들 가운데 누구 하나 입을 벌리고 선 채 감이 떨어지기만을 기다린 사람이 있었는가? 단 한 사람도 없다. 그들은 '명사형'의 믿음이 아니고, '동사형'의 믿음이었다. 이 동사형의 믿음에 역사와 기적이 나타난다. 감나무 밑에 백날 서 있어 보라. 기다리는 자에게 감은 떨어지지 않는다. 떨어져도 나 없을 때 몰래 떨어진다. 움직여라. 나무를 향해 손을 내밀고 손이 안 닿거든 사다리를 구해야 한다. 그래야 감을 먹을 수 있다.

최근에 나는 한 자매를 만났다. 물론 처음 만난 자매다. 자매는 자신이 겪었던 일을 담담히 풀어나갔다. 세 아들을 귀하게 키웠다. 큰아들은, 둘째는, 셋째는 이런 길을 걸어가게 하리라며 큰 기대도 했다. 그런데 그중에 둘째가 28살, 젊은 나이에 암에 걸리고 말았다. 간단한 병인 줄 알고 약만 먹다가 늦게야 병원에서 발견했을 때는 이미 너무 늦어 있었다. 대장, 직장, 위장까지 암이 퍼져 있었다. 수술할 필요도 없었다. 그래도 혹시나 해서 큰 병원으로 이리저리 옮겨 보았지만 역시 마찬가지였다. 이판사판이라고 수술 한 번 해달라고 요청해서 수술 날짜를 잡았다. 그리고 이 자매가 기도했다. "하나님, 내가 아들을 너무 사랑했습니다. 용서해 주십시오. 이 아들을 살려만 주시면 하나님께 드리겠습니다." 정말 럭비공만한 암 덩어리를 떼어 냈다. 그런데 기적이 나타났다. 수술한 지 7년이 되었지만 아들은 건강하게 살아 있다. 그리고 그를 약속대로 하나님께 바쳤다. 믿음은 행동으로 옮기는 것이다. 거기에 역사가 나타난다.

오늘 내 앞, 내 가정, 내 삶의 현장에도 언제 거대한 쓰나미가 덮쳐올지 모른다. 언제든지 덮칠 수 있다. 그럼에도 불구하고 어떤 길을 선택할지, 무엇을 붙잡을지, 무엇을 의지할지 모르고 있는가? 예수밖에 없다. 예수 믿는 믿음만이 우리를 이기게 한다.

> "무릇 하나님께로부터 난 자마다 세상을 이기느니라 세상을 이기는 승리는 이것이니 우리의 믿음이니라"(요일 5:4).

그러므로 오늘 순례자인 우리가 날마다 확인해야 할 것이 무엇인가?

> "너희는 믿음 안에 있는가 너희 자신을 시험하고 너희 자신을 확증하라 예수 그리스도께서 너희 안에 계신 줄을 너희가 스스로 알지 못하느냐

그렇지 않으면 너희는 버림 받은 자니라"(고후 13:5).

이 믿음이 어디서 나오는가?

"그러므로 믿음은 들음에서 나며 들음은 그리스도의 말씀으로 말미암았느니라"(롬 10:17).

앞으로 히브리서 11장을 통해 믿음을 집중적으로 나눌 것이다. 이 히브리서 11장에 나타난 말씀을 통해 우리의 믿음이 자랄 것이다. 견고해질 것이다. 그리고 역사(役事)가 나타날 것이다. 그 어떤 쓰나미 앞에서도 나를 지켜줄 것이다. 이 풍랑으로 인하여 더 빨리 가게 될 것이다.

점검 CHECK

쓰나미가 몰려올 때 우리가 의지할 것은 무엇인가?

그대는 감이 떨어지길 기다리는가, 아니면 사다리를 가져올 것인가?

 수정 CHANGE

전봇대도 말고, 침실도 말고 예수님의 구원하심에 의지하라.

믿음은 행동하는 것이다. 확신으로 나아가라.

 주의 CAUTION

자기 확신은 믿음이 아니다. 믿음은 오직 하나님께로부터 온다.

1장

아무도 하지 않는 일에 숨은 비밀

(히 11:4)

농사짓는 자 vs 양치는 자

성경은 믿음생활을 무엇에 비유하는가? 운동장에서 경주하는 것(히 12:1)이라고 말한다. 히브리서 11장에는 믿음의 경주자들이 등장한다. 모두 16명이다. 이들은 '믿음'의 릴레이 선수들이다. 물론 다 중요하다. 그런데 그중에서 제일 중요한 주자는 누구인가? 첫 번째와 마지막 주자다. 릴레이 경기에서 누가 스타트를 끊느냐, 누가 마지막 주자로 뛰느냐에 따라 승패가 결정된다고 해도 과언이 아닐 것이다. 여기 그 첫 번째 스타트를 끊는 믿음의 대표주자로 누가 등장하는가? 아벨이다. 첫 번째 주자가 아벨이요, 마지막 주자는 라합이다. 그런 의미에서 우리가 아벨을 주목해야 할 이유가 여기에 있다.

> "믿음으로 아벨은 가인보다 더 나은 제사를 하나님께 드림으로 의로운 자라 하시는 증거를 얻었으니 하나님이 그 예물에 대하여 증언하심이라 그가 죽었으나 그 믿음으로써 지금도 말하느니라"(히 11:4).

이 말씀을 놓고 이런 질문을 하지 않을 수 없다. "왜 하나님께서 아벨의 제사는 받으시고, 가인의 제사는 받지 않으셨는가?" 만일 하나님께서 가인의 제사를 받으셨더라면 인류 최초의 살인은 일어나지 않았을 것 아닌가? 혹, 하나님이 살인을 방조하신 것은 아닐까? 이런 고민과 질문에 어떤 이는 "아니, 뭘 그런걸 고민해? 말씀에 보니까 믿음으로 아벨은 가인보다 더 나은 제사를 드렸기 때문에 하나님께서 아벨의 제사를 받으셨다고 하지 않았어? 그대로 받아들이면 되잖아." 이렇게 간단히 답을 찾고선 넘어가 버린다. 하지만 그게 그렇게 간단한 문제가 아니다.

"믿음으로 아브라함은 부르심을 받았을 때에 순종하여 장래의 유업으로 받을 땅에 나아갈새 갈 바를 알지 못하고 나아갔으며"(히 11:8).
"믿음으로 사라 자신도 나이가 많아 단산하였으나 잉태할 수 있는 힘을 얻었으니 이는 약속하신 이를 미쁘신 줄 알았음이라"(히 11:11).
"믿음으로 모세는 장성하여 바로의 공주의 아들이라 칭함 받기를 거절하고 도리어 하나님의 백성과 함께 고난받기를 잠시 죄악의 낙을 누리는 것보다 더 좋아하고 그리스도를 위하여 받는 수모를 애굽의 모든 보화보다 더 큰 재물로 여겼으니 이는 상 주심을 바라봄이라"(히 11:24-26).

이들을 보라. 정말 그렇게 살았는가? 그렇게 믿음이 좋았는가? 실제는 그렇지 않다. 사실은 그게 아니라는 말이다. 그런데 왜 히브리서 기자는 이렇게 사실과는 다소 차이가 있는 내용을 기술하고 있는 것일까? 히브리서 11장 4절도 일단 같은 맥락으로 접근해야만 한다. '아벨은 가인보다 더 나은 제사를 하나님께 드렸다. 그 더 나은 제사 때문에 의로운 자란 증거를 얻었다'는 설명 앞에서 고개를 끄덕이며, '아, 그래서 그렇구나!' 하고 그냥 넘어갈 문제가 아니란 말이다. 그래서 이들의 행적이 기록된 창세기 4장의 현장으로 돌아가 보아야 한다.

"그가 또 가인의 아우 아벨을 낳았는데 아벨은 양 치는 자였고 가인은 농사하는 자였더라 세월이 지난 후에 가인은 땅의 소산으로 제물을 삼아 여호와께 드렸고 아벨은 자기도 양의 첫 새끼와 그 기름으로 드렸더니 여호와께서 아벨과 그의 제물은 받으셨으나 가인과 그의 제물은 받지 아니하신지라 가인이 몹시 분하여 안색이 변하니"(창 4:2-5).

이 말씀을 놓고 학자들 간에 여러 가지 견해들이 있다. 그 중에서 설득력 있는 세 가지 학설을 간단히 소개하자면 이렇다. 하나님이 아벨의 제사를 받으신 이유는 이것이다.

첫째, 아벨은 양을 드렸기 때문이다(창 4:4). 제사에는 모름지기 짐승을 제물로 드려야 한다(히 9:22). 그런데 아벨은 양을 잡아 하나님께 제물로 드렸고, 가인은 땅의 소산물로 제사를 드렸다. 당연히 아벨의 제물만이 열납되었다.

둘째, 아벨은 첫째 것을 드렸기 때문이다(창 4:4). 첫째 것은 제일 먼저 난 것을 드렸다는 뜻이다. 하지만 가인은 '땅의 소산으로 드렸다'라고만 했을 뿐 첫 열매를 드렸다는 말이 없지 않은가! 결국 헌신의 질적 차이다. 우선순위의 문제다(잠 3:9; 마 6:33). 그래서 아벨의 제물만 열납되었다.

셋째, 아벨은 좋은 것을 드렸다(창 4:4). 아벨은 첫째 것을 드렸을 뿐만 아니라 기름을 드렸다. 기름은 구약시대에서 가장 좋은 부분을 의미한다. 그래서 제물의 기름 부분은 반드시 태워 하나님께 드려야만 했지 않는가! 아벨은 이렇게 좋은 것을 구별하여 하나님께 드렸기 때문에 그 제물이 열납되었다.

이 세 가지 견해는 모두 '더 나은 제사'(히 11:4)에 근거한 해석이다. 그리고 이 해석은 성경적이다. 그러므로 모두 이 세 가지 견해 앞에서 고개를 끄덕이게 된다. 일리가 있는 주장이기 때문이다. 그러나 전적으로 속 시원하게 만족스럽지는 못하다. 왜냐하면 가인은 처음부터 '농사하는 자'였고, 아벨은 '양치는 자'였다. 농사하는 자가 농산물로 드리고, 양치는 자가 양으로 드리는 것은 너무나 자연스럽고 정상적이지 않은가! 실제로 이스라엘 백성들이 드리는 제사 중에 소제(素祭, Grain Offering), 즉 곡식으로 드리는 제사가 있었다(레 2:1-16). 더 나아가 가인이 말라비틀어진 식물로 제사를 드렸다는 물증도 없다. 그러므로 이 사건의 본질은 그것이 양이냐, 곡식이냐, 첫 새끼냐, 두 번째 새끼냐, 기름이냐, 살코기냐의 문제가 아닌 듯하다. 다시 말하면 제물(祭物)에 강조점을 두어서는 안 된다는 것이다.

세월이 지난 후에

그렇다면 이 사건의 본질은 무엇일까? '세월이 지난 후에'(창 4:3)라는 말에 주목할 필요가 있다. 당시는 무척이나 오래 살던 시대다. 보통 팔, 구백 년을 향수했다. 그러므로 여기 세월은 10년, 20년 정도는 아닌 듯하다. 그 세월이 흐르는 동안 아담 가문에는 눈여겨볼만한 중요한 일 하나가 벌어졌다. 그것은 유산상속이었다. 원래 아담은 농사꾼이었다(창 3:23). 그런데 아담의 가업을 누가 이어받았는가? 가인이다. 아담의 유산이 장남 가인에게 넘어갔다. 아담은 평생 동안 땀 흘려 이룩한 자신의 재산, 가업을 몽땅 장남 가인에게 넘겼다. 예나 지금이나 먹는 문제가 일 순위가 아닌가! 가인은 식량 걱정할 필요가 전혀 없었다.

그럼 둘째인 아벨은 부모로부터 무엇을 물려받았는가? 아벨, 그는 양을 쳤다(창 4:2). 이는 그가 물려받은 것이 하나도 없다는 것을 뜻한다. 아벨, 그는 양을 치고 있다. 그렇다면 그 당시 양은 어디, 무엇에 쓰였으며, 그래서 어느 정도 키울 가치가 있었던가? 창세기 9장 3절을 보자.

"모든 산 동물은 너희의 먹을 것이 될지라 채소 같이 내가 이것을 다 너희에게 주노라"(창 9:3).

무엇을 알 수 있는가? 노아의 홍수 전까지 사람이 먹을 수 있는 것은 곡식, 채소, 과일 등이 전부였다. 동물은 식용으로 쓸 수 없었다. 동물들 중에서도 특히 양은 식용으로 쓸 수 없을 뿐만 아니라 소처럼 농사용, 나귀처럼 운반용, 낙타처럼 이동수단용, 말처럼 전투용, 그 어디에도 쓸 수 없는 그런 짐승이었다. 이것은 무엇을 의미하는가? 당시 '양'이란 동물은 아무리 키워봐야 아무 짝에도 소용없는 그 무엇이었다. 이런 양들이 수천 수백 마리가 된들 무슨 소용이 있단 말인가? 과연 도움이 된단 말인가? 그런데 아벨이 지금 그 양을 치고 있다.

칼뱅(Calvin)은 가인과 아벨이 틀림없이 쌍둥이였을 것이라고 추측한다. 어떻든 한쪽은 조금 먼저 태어나서 장남이라는 단 한 가지 이유 때문에 유산을 다 물려받았다. 떵떵거리고 으스대며 폼 잡고 있다. 먹고 살 걱정 전혀 할 필요가 없다. 배를 두드리며 팔자걸음으로 느릿느릿 걷는다. 그런데 한 쪽은 유산은커녕, 농사지을 땅 한 평도 물려받지 못했다. 그는 지금 '양'을 치고 있을 뿐이다. 아무리 수고해도 전혀 돈이 되지 않는 일이다. 허기진 배라도 채웠으면 좋겠는데 그런 일도 아니다. 신세타령할 만도 하다. 부모를 원망하고, 하나님을 원망할 만하다.

아벨이란 이름은 '공허'(空虛, 욥 7:6)를 의미한다. 헛고생한다는 말을 아는가? 바보짓한다는 말이다. 그럴만하다. 주변의 사람들도 '헛고생한다'고 수군거린다. 그는 지금 아무도 하지 않는 일을 붙잡고, '세월이 지난 후에'(창 4:3), 즉 긴 세월 동안 우직하게 '춥고 배고픈 직업'인 양치는 일을 하면서 지내고 있다. 어떻게 이런 불공평한 일이 많지도 않은 두 형제 사이에 일어났는가? 세 가지 가능성이 있다.

첫째, 아담의 장남 선호사상 때문이다. 아담은 장남을 선호했다. 아담뿐만 아니라 성경에 등장하는 사람들마다 장남 선호사상이 두드러진다. 이삭, 이새 등이 그랬다. 아담은 자신이 땀 흘려 모은 재산을 몽땅, 장남 가인에게 물려줬다. 농사 기술도 전수했다. 그래서 가인은 가업을 이어받아 '농사'를 지었으며, 아벨은 죽지 못해 어떻던 입에 풀칠이라도 하려고, 전혀 비전이 없는 양을 치고 있다.

둘째, 형 가인의 시기, 질투심 때문이다. '몹시 분하여 안색이 변한다'(창 4:5-6)라는 표현이 있다. 가인은 시기와 질투심이 대단했던 사람이다. 결국에는 들에서 돌로 사랑하는 동생을 쳐 죽이기까지 했다. 그게 어디 죽일 만한 일인가? 가인은 시기와 질투심으로 혼자서 '농사일'을 독차지하려고 했고, 아예 동생으로 하여금 농사에는 손도 대지 못하게 했다. 그래서 하는 수 없이 아벨은 농사가 아닌 양치는 일을 하게 되었다.

셋째, 아벨이 스스로 양치는 것을 선택했다. 아담이 그렇게 모진 사람은 아니었을 것이다. 장남, 차남을 그렇게 차별하지는 않았을 것이다. 그러므로 장남인 가인에게 몽땅 자신의 가업을 물려줄 의도가 없었다. 차남에게도 살아갈 방도를 마련해 주려했을 것이다. 그런데 가인은 농사를 지었고 아벨은 양을 쳤다. 이것으로 유추해 보건데 아벨은 스스로 양치는 것을 선택한 것임에 틀림없다. '춥고, 배고픈' 그 일을 스스로 선택했단 말이다.

이 세 가지 견해 중, 어느 쪽이 가장 설득력 있어 보이는가? 어느 쪽이 더 와 닿는가? 어느 쪽이 더 근거가 있는지 성경 창세기 4장 2절을 다시 보자.

차남에게 주어지는 축복

"그가 또 가인의 아우 아벨을 낳았는데 아벨은 양 치는 자였고 가인은 농사하는 자였더라"(창 4:2).

문맥을 자세히 보라. 우리가 생각할 수 있는 일반적인 구석과 다른 데가 있다. 아마도 정상적인 문맥이라면 '가인은 농사하는 자였고, 아벨은 양치는 자였더라'라는 순서로 쓰여야 한다. 왜냐하면 가인의 기사가 먼저 창세기 4장 1절에 등장할 뿐만 아니라, 가인은 장남이기 때문이다. 그런데 동생과 동생의 직업이 먼저 언급되고 있다. 한 걸음 더 나아가 원문을 살펴보면, '아벨은 양치는 자였다'가 문장 제일 앞에 등장하면서 아벨의 직업을 강조한다. 이것은 아벨이 양치는 직업을 스스로 자원하여 먼저 선택한 것임을 은연중에 강조하는 듯하다. 사실, 아벨이 만일 형처럼 농사하려고 했다면 얼마든지 할 수 있었을 것이다. 설령 유산을 물려받지 못했다 할지라도, 형이 미워한다 할지라도 널린 게 땅인데, 왜 농사를 짓지 못한단 말인가? 그런데 그는 지금 그 농사가 아닌 양을 치고 있다. 이것은 그 스스로 양치는 일에 자원했음을 뜻한다.

그렇다면 우리는 이제 더 고개를 갸우뚱하지 않을 수 없다. 왜 아벨이 양치는 일을 자원하였을까? 왜 그 긴 세월 동안 바보처럼 그 일을 하고 있단 말인가? 당시 농사짓는 것은 등 따습고, 배부른 일이요, 이

익이 남는 일이다. 하지만 양치는 일은 바보 같은 선택이다. 아무런 소득도 없고 양식도 되지 않는다. 아무도 하지 않는 일이다. 양을 아무리 많이 키워봐야 소용이 없다. 아벨이 이 사실을 몰랐을까? 그런데 아벨은 자원하여 스스로 우직하게 양치는 것을 선택했다. 그 이유가 도대체 무엇이었을까? 그 이유를 창세기 3장 21절에서 발견한다.

> "여호와 하나님이 아담과 그의 아내를 위하여 가죽옷을 지어 입히시니라"(창 3:21).

여기서 가죽옷, 즉 양(羊)이 등장한다. 이 가죽옷은 누가 무엇을 하는데 사용했는가? 누가 이 가죽옷을 필요로 했던가? 그렇다. 하나님이시다. 가죽옷은 하나님이 그분의 일을 하시는 데 긴요하게 사용하셨던 그 무엇이다. 아담과 하와에게 있었던 이 '가죽옷 사건'을 그의 두 아들 가인과 아벨이 알았을까, 몰랐을까? 들었을까, 듣지 못했을까? 아담과 하와는 분명 이 엄청난 사건, 그때 에덴동산에서 있었던 그 사건을 두 아들에게 이야기해 주었을 것이다. 두 아들은 분명히 들었다. '그때 우리 부부는 너무 부끄러워서 무화과 잎으로 옷을 만들어 급히 몸을 가리고는 동산에 숨었어. 하지만 무화과 잎은 금세 말라서 다 부스러지고 말았지! 몸이 다 드러나고 우리는 어찌할 바를 몰랐어. 그때, 하나님이 나타나셨지. 그리고는 양을 잡아 가죽옷을 만들어 우리 부부에게 입혀 주셨어! 그 가죽옷은 지금까지 우리의 부끄러운 부

분을 영원히 덮어 주고 있단다.'

 이제, 아벨이 자원하여 스스로 양을 친 이유를 알겠는가? 그가 자신의 육적인 유익, 안락, 배부름, 돈이 되는 가치를 생각했다면 당연히 형처럼 농사를 선택했을 것이다. 하지만 그 마음에 하나님의 일이 떠올랐다. '하나님이 가죽옷을 지으시려면 '양'이 절대적으로 필요하다. 하나님이 필요로 한 양을 누군가 쳐야 할 것이 아닌가. 누가 이 일을 할 것인가? 그 일을 내가 하자. 손가락질을 받아도, 아무런 유익이 네게 없을지라도, 하나님이 필요로 하시는 일을 하자. 하나님이 필요로 하실 때 나의 양을 아낌없이 그분께 드리자. 내가 아니면 누가 이 일을 하랴!' 그래서 그는 자원하여 양을 친 것이다. 사람들의 입장에서는 아무 쓸모도 없는 양이지만 하나님이 필요로 하시니, 하나님이 사용하시도록 양을 친 것이다. 그래서 그는 이 긴 세월 동안 그 일을 감당했던 것이다.

 세월이 지난 후에 제사제도가 생겼다. 그때 아벨은 자기가 기른 양으로 제사를 드렸다. 그 제사를 하나님이 받으셨다. 그 아벨의 제사를 받으셨다. 이 아벨의 제사를 받으신 이유를 알겠는가? 단지 짐승이냐, 곡식이냐의 차원이 아니다. 첫 것이냐, 두 번째 것이냐 때문도 아니다. 가장 귀한 기름이냐, 살코기냐는 더더군다나 아니다. 아벨은 평소에 하나님의 마음을 읽었다. 그래서 양치는 일을 선택했다. 이러한 그의 삶 자체가 하나님의 기쁨이 되었다. 그래서 성경도 '아벨과 그 제물을 받으셨다'(창 4:4)고 말씀한다. 제물보다 아벨을 먼저 언급하고 있는 것이다.

히브리서 11장 4절은 이렇게 끝나고 있다. "그가 죽었으나 그 믿음으로써 지금도 말하느니라." 그가 죽었으나 그 믿음으로써 지금도 무엇을 말한단 말인가? 단지 그가 지금 하늘나라에 살아 있다는 뜻인가? 성경에는 두 개의 큰 흐름이 면면히 이어지고 있다. 하나는 아담의 불순종으로 말미암은 '원죄'다. 이 원죄가 자자손손 이어지고 있다. 일종의 정죄, 심판이라고 할 수 있다. 여기에서 예외인 자는 없다. 또 하나의 흐름은 아벨의 순종으로 말미암은 '은혜'와 '긍휼'의 강줄기다. 이 강줄기가 면면히 흐르고 있다. 무슨 말인가? 우리는 종종 성경 안에서 하나님께서 장남을 기피하시는 듯한 인상을 자주 받는다. 에서와 야곱, 므낫세와 에브라임, 아론과 모세, 엘리압과 다윗, 맏아들과 돌아온 탕자(눅 15장), 유대인과 이방인인 우리, 평양과 서울 같은 경우 들이다. 하나님께서 장남을 기피하신다기보다는 차남을 축복하셨다고 보는 것이 정확하다.

아담의 후손 사람들은 장남을 선호한다. 그러나 하나님은 장남보다는 오히려 차남을 선호하시며 기어이 축복하신다. 장남과 차남의 순서를 바꾸어버리신다(창 4:2). 그 이유가 무엇일까? 그러면 여기 차남이 누구인가? 단지 혈육의 차남일까? 그렇지 않다. 차남은 뒤쳐진 사람, 날 때부터 관심밖인 사람, 힘없는 사람, 항상 그늘에 있어야 하는 사람, 상속에서 제외된 사람, 보잘 것 없는 사람, 스포트라이트(Spotlight)에서 멀리 떨어져 있는 사람을 뜻한다. 아벨이 그런 사람이었다. 하나님은 이런 사람들에게 관심이 많으시다. 이런 자들이 하나님의 기쁨이 되기만 하면, 그들을 축복의 통로로 쓰길 원하신다. 아벨이 이 사실을 증언하고 있다. 그가 죽었으나 그 믿음으로써 지금도 말하고 있다. "봐라, 차남들이 대대손손 축복을 받고 있지 않는가!"라고 말이다.

    이 두 흐름 즉, 저주와 축복이란 흐름이 면면히 이어져 내려오고 있다. 아담의 불순종이 저주의 근원이라면, 아벨의 믿음이 축복의 시발점이다. 아담의 불순종이 오고 오는 세대에 '원죄'의 굴레를 씌워주고 있다면, 아벨의 믿음은 오고 오는 세대에 '축복', '은혜', '긍휼'의 관을 씌워주고 있다. 아벨처럼 하나님이 필요로 하기에 우직하게 '양'을 치는 자는 하나님이 결코 외면하지 않으시고, 축복하시되 그 자자손손까지 축복하신다. 바로 이 사실을 그는 죽었으나 지금도 증언하고 있다는 것이다.

핵심에 집중하라

믿음이 무엇인가? 하나님이 정말 기뻐하시는 믿음, 우리에게 요구하시는 믿음이 무엇인가? 그저 바라만 보고 있는 것일까? 그것도 내가 소원하는 바가 어느 날 내 앞에서 갑자기 나타나길 소원하며 멍하니 하늘만 바라보는 것이 믿음일까? 첫 대표주자 아벨, 그는 양을 치고 있었다. 그는 참된 믿음, 하나님이 원하시는 믿음이 과연 무엇인지를 웅변적으로 가르쳐 주고 있다. 그는 지금 농사, 육신의 유익, 배부름, 세상적인 계산, 내일에 대한 염려, 이것에 사로잡혀 있지 않다. 그는 양을 치고 있다. '세월이 지난 후에'(창 4:3), 긴 세월 동안 먹을 수도, 팔수도, 이용할 가치도, 그래서 재산도 되지 않는, 아무도 하지 않는 양을 치고 있다. 단지 '하나님이 이 양을 필요로 하신다'는 이유 때문에 말이다.

믿음이 무엇인가? 한 분에게 집중하는 것이다. 오직 그분의 기쁨이 되기만을 생각하는 것이다. 그분의 입맛에 내 모든 것을 고정시키는 것이다. 그래서 농사가 아닌 양을 치는 것이다. 이것이 믿음이다. 신앙생활은 단순해야 한다. 핵심에 집중해야 한다. 한 가지에 생명을 걸 수 있어야 한다. 그야말로 '물이 날 때까지' 깊이깊이 파 내려가는 것이다. 중세시대는 그야말로 로마교황청의 교권(敎權)이 전 유럽을 장악하고 있었다. 왕권까지도 그 앞에서 맥을 추지 못했다. 그런 가운데서 루터, 칼뱅, 츠빙글리와 같은 보잘 것 없는 몇 사람들이 어떻게 종교개혁이라는 기적을 일으킬 수 있었는가? 단순했기 때문이다. '오직 믿음', '오직 성경', '오직 은혜' 이렇게 단순한 핵심에 집중했기 때문이다.

유명한 맛집들에는 공통점이 있다. 메뉴가 하나, 많으면 둘이라는 점이다. 제일 잘하는 음식 하나에 집중한다. 그것을 잘 하려고 노력에 노력을 기울인다. 그래서 맛집이 된 것이다. 반면에 맛없는 음식점의 공통점은 메뉴가 다양하다는 것이다. 다 만들어 내자니 다 맛이 없다. 그래서 나는 뷔페식당을 별로 좋아하지 않는다. 행주산성 근처에 국수집이 하나 있다. 허름한 국수집이다. 장난이 아니다. 3천 원짜리 한 그릇을 먹기 위해 길게 줄을 서야 한다. 하루에 3,000그릇을 판다고 한다. 주일엔 꼭 문을 닫고 쉬는 대도 말이다. 머리가 막 돌아갔다. 하루에 3,000그릇×3,000원×25일=2억2천5백만 원. 비록 허름한 국수집이라 해도 이렇게 장사가 잘 되는 이유는 한 가지 음식을 고객들의 입맛에 철저히 맞도록 만들어내기 때문이 아닐까!

믿음이란 철저히 한 분, 하나님께 내 시선을 고정시키는 것이다. 그분의 입맛을 맞춰드리기 위해 나의 모든 것을 포기하는 것이다. 복잡한 계산을 하지 않는다. 그분이 기뻐하시면 된다는 데에 나는 만족한다. 이것이 믿음이요, 아벨, 그가 우리에게 보여 주는 믿음이다.

> "믿음으로 아벨은 가인보다 더 나은 제사를 하나님께 드림으로 의로운 자라 하시는 증거를 얻었으니 하나님이 그 예물에 대하여 증언하심이라 그가 죽었으나 그 믿음으로써 지금도 말하느니라"(히 11:4).

점검 CHECK

등 따습고 배부른 일보다 더 중요한 일을 알고 있는가?
자신의 필요에만 집중하는가, 아니면 하나님의 필요도 돌아볼 줄 아는가?

 수정 CHANGE

하나님의 필요에 아무도 나서지 않는다면 그대여, 먼저 뛰어들라.
믿음은 핵심에 집중하는 것이다. 하나님의 필요에 시선을 고정하라.

 주의 CAUTION

욕심을 채우려고 은근슬쩍 하나님의 필요라고 우기지 마라. 하나님은 아신다.

2장

평범한 삶이 기쁘지 않는 이유

(히 11:5-6)

영적 전율을 경험하라

며칠 전, 한 낯선 분으로부터 이메일을 받았다. 물론 우리 교회에 출석하지 않는 분이다.

목사님, 감사드립니다.

하나님의 신실하심과 자상하심에 놀라지 않을 수 없습니다. 저는 현재 고등학교 교사로서 박사과정을 밟고 있는 ㅇㅇㅇ라고 합니다. 지금 공부를 하기에는 건강도 좋지 못하고 나이도 많아 너무 힘들고 괴로워서 많이 울었습니다. 점점 자신감도 떨어지고 있던 때였습니다. 그러다 얼마 전 저의 마음 가운데 강하게 두드리시는 주님의 응답이 있었습니다. 히브리서 11장 말씀이었습니다. 하지만 받은 말씀과 다르게 저의 현실에서 오는 압박감은 암담하고 자신 없는 삶을 계속 이어가게 했습니다. 그래서 제 속에서는 이건 하나님께서 주신 말씀이 아니라 나 혼자의 느낌일 뿐이라는 생각이 들기도 했고, 반대로 그 말씀이 정말 주님께서 내게 주신 말씀이라는 강한 확신도 함께 뒤엉켜 있었습니다. 그 후로 새벽제단을 쌓기 시작했고 어느덧 70여 일째를 맞았습니다. 저는 그때 주신 말씀이 내 생각이 아닌 하나님께서 주신 말씀임을 확신하고 싶었습니다. 그래서 목회자의 설교를 통해 히브리서 11장의 말씀을 듣게 해달라고 간절히 기도했습니다. 내심 제가 다니는 교회 목사님이 그 설교를 해주었으면 하고 바라기도 했습니다. 하지만 그런 일은 생기지 않았고 마음은 점점 괴로워져갔습니다. 그러던 지난 주일 오전 10시, 예배 준비를 하고 있는 중에

CTS 방송을 통해 목사님의 설교를 듣고 숨이 멎는 듯한 느낌을 받았습니다.

정신없이 낮 예배를 마치고 충정교회 홈페이지에 들어가 목사님의 설교목록을 보고, 또 한 번 놀랐습니다. 제가 확신을 얻고 싶어서 히브리서 11장으로 설교를 듣고 싶다고 기도한 바로 그 주간부터 목사님께서 히브리서 11장으로 설교를 시작하셨기 때문입니다. 이번 주 아침, "전환기를 극복한 사람들"이라는 설교를 들으면서 손이 떨렸습니다. 제가 하나님께 새벽마다 울면서 여쭤왔던 물음에 하나님께서 목사님의 입술을 통해 모두 답해 주고 계셨기 때문입니다. 이렇게 기도에 응답해 주시는 주님 때문에 저는 세상을 다 얻은 듯 기쁨과 감사를 어떻게 말로 표현할지 모를 정도입니다.

목사님, 많은 기도와 묵상으로 말씀을 준비하시고 하나님의 마음을 저에게 전해 주심에 감격하지 않을 수 없습니다. 목사님, 혹시라도 기도 중에 제 이름이 잠깐 생각나신다면 짧게라도 기도해 주십시오. 감사드립니다.

○ ○ ○ 올림.

우리도 지금 히브리서 11장을 대하고 있다. 말씀을 듣는 중에 동일한 떨림이 있기를 소원한다. 숨이 막힐 듯한 영적 전율이 있기를 소원한다. 하나님께서는 선조들의 '믿음'에 반응하셨다. 그 하나님이 오늘 우리의 믿음에도 동일하게 역사하실 줄 믿는다. 우리는 지금 기독교의 핵심인 '믿음'에 대해서 생각하고 있다. 믿음이 무엇일까? 어떻게 하는 것이 믿음일까? 이를 가장 명확하게 규정하고 있는 말씀이 히브리서 11장 6절이다.

"믿음이 없이는 하나님을 기쁘시게 하지 못하나니 하나님께 나아가는 자는 반드시 그가 계신 것과 또한 그가 자기를 찾는 자들에게 상 주시는 이심을 믿어야 할지니라"(히 11:6).

믿음이란, 두 가지를 확실히 인정하는 것이다. 첫째, 하나님은 분명히 계신다. 둘째, 그 하나님은 자기를 찾는 자들에게 반드시 상(賞) 주시는 분이시다. 이 두 가지 사실을 흔들림 없이 마음에 받아들이는 것이 믿음이다. 이 믿음이 있는가? 스스로에게 물어 보라. 그리고 곁에 있는 사람에게 확인해 보자. 성경은 이 믿음을 가진 자를 소개하고 있다. 누구인가? 바로 에녹이다. 에녹은 '하나님을 기쁘시게 하는 자라 하는 증거를 받은 자'였다(히 11:5). 그런데 6절에서 '믿음이 없이는 하나님을 기쁘시게 하지 못한다'고 말씀하고 있다. 에녹은 하나님이 반드시 계심을 믿었다. 그리고 그분을 찾는 자들에게는 반드시 상(賞) 주시는 분이심을 믿었다. 이 에녹이야말로 진정 우리가 본받아야 할 믿음의 사람이다.

죽음을 뛰어 넘는 축복

에녹은 어떤 사람이었는가?

"믿음으로 에녹은 죽음을 보지 않고 옮겨졌으니 하나님이 그를 옮기심으로 다시 보이지 아니하였느니라 그는 옮겨지기 전에 하나님을 기쁘시게 하는 자라 하는 증거를 받았느니라"(히 11:5).

이 부분만 가지고는 그가 어떤 사람이었는지, 어떻게 살았는지 알 길이 없다. 그러므로 우리는 창세기 5장 21절 이하의 말씀을 살펴보아야 한다.

"에녹은 육십오 세에 므두셀라를 낳았고"(창 5:21).
"므두셀라를 낳은 후 삼백 년을 하나님과 동행하며 자녀들을 낳았으며" (창 5:22).
"그는 삼백육십오 세를 살았더라"(창 5:23).
"에녹이 하나님과 동행하더니 하나님이 그를 데려가시므로 세상에 있지 아니하였더라"(창 5:24).

첫 인상치고는 너무 평범하다. 누구처럼 아들을 묶어서 제단 위에 제물로 바치지도 않았고(창 22:9), 누구처럼 평생 결혼하지 않고 복음 전파에 헌신하지도 않았다(고전 7:7). 또 누구처럼 주를 위하여 살다가 돌에 맞아 순교하거나, 목이 잘리는 그런 최후를 맞이한 것도 아니다(행 7:58; 마 14:11). 에녹은 그저 평범하게 결혼해 가정을 이루고, 아들 딸 낳고 그렇게 살았다. 에녹도 다른 사람들과 마찬가지로 가정을 꾸려나가기 위해 열심히 일했을 것이다. 오늘 우리처럼 돈을 벌기 위해 땀 흘렸을 것이다. 그에게서는 어떤 특별한 흔적을 찾을 길이 없다. 오늘 우리와 별반 다를 바 없는 그런 삶이다. 그런데 성경은 그를 '하나님을 기쁘시게 하는' 믿음의 사람이라고 인정하고 있다(히 11:5). 그로 하여금 세상 모든 사람들이 가장 부러워하는 상급의 주인공이 되게 하셨다. 죽음을 뛰어넘는 축복 말이다.

나는 자주 병원의 중환자실을 심방한다. 병원에는 '중환자실', 또 '호스피스 병동'이 있다. 들어가 보았는가? 죽음을 앞둔 사람들이 죽음과 싸우는 그 처절한 모습을 본 적이 있는가? 우리의 가족 중에 혹시 죽음과 싸우는 형제 자매는 없는가? 그들은 암이나 노환, 각종 병환으로 투병하고 있다. 죽음 앞에 선 당사자나, 그를 지켜보는 사람이나 피가 마른다. 죽음이 엄습할 때 누구나 그 앞에서 떤다. 불안해한다. 잠을 이룰 수 없다. 그런데 에녹은 이런 모든 과정을 훌쩍 뛰어넘는 놀라운 축복의 주인공이 된다. 어떻게 이런 축복의 주인공이 되었을까? 그저 그렇게 평범하게 살았는데 말이다.

이 사건을 통해서 우리에게 들려지는 음성이 있다. 그 첫째는 평범한 삶을 통해서도 얼마든지 하나님을 기쁘시게 해드릴 수 있다는 것이다. 지금 내가 처한 삶의 현장, 결혼하여 자녀를 낳고 가정을 이루어 사는 평범한 생활 속에서도 얼마든지 하나님께 인정받을 수 있으며, 나아가 큰 상급의 주인공이 될 수 있다는 사실이다. 꼭 목사, 선교사, 혹은 독신으로 살아야만 하나님을 기쁘시게 해드리는 것이 아니다. 가끔 뭔가 잘 풀리지 않고, 실패하면 '내가 곁길로 가서 하나님께서 나를 징계하시는구나', '신학교로 부르시는구나'라고 생각하는 사람들이 있는데, 절대 그런 것이 아니다. 얼마든지 지금 그 일을 통하여 하나님을 기쁘시게 할 수 있다. 믿음의 사람이라고 인정을 받을 수 있다. 단순히 이 정도일까?

둘째는, 내 삶의 현장에 축복의 씨앗이 숨겨져 있다. 에녹이 큰 상급을 받았다. 그 출발점이 어디인가? 평범한 삶의 현장 바로 그곳이다. '자녀를 낳고' 바로 그 현장이었다. 그곳에서 최선을 다했더니 결국은 '큰 상급'의 주인공이 되었다.

반기문 씨가 외교차관을 끝으로 공직생활에서 물러났다. 야인으로 있을 때에 당시 주미대사인 한승주 씨가 그를 유엔(UN)의 한 국장자리로 초청했다. 몇 단계 아래지만 응했다. 그리고 대인관계를 넓혀갔다. 그것이 사무총장에 오르게 된 배경이다. 그가 사무총장이 되리라 꿈에라도 생각했겠는가? 그가 주어진 현장에서 최선을 다했기 때문이다(마 13:44).

'자녀 낳음'과 '하나님과 동행' 사이의 상관관계

더 중요한 것 하나가 있다. 한 사람이 일생을 살아가는 과정에서 만나는 평범한 일이 한두 가지가 아니다. 빨래, 설거지, 땔감, 농사, 직장 등 헤아릴 수 없이 많은 일들이 있다. 그런데 하필이면 왜 '자녀를 낳는' 이 일을 언급하시는 것일까? 왜 '자녀를 낳았다'는 사실을 강조하면서 이것을 믿음과 상급에 연관시키는 것일까? 그러고 보니, 창세기 5장은 전체가 자녀 낳는 내용으로 가득 차 있다. 누가 누구를 낳았고, 누구는 누구를 낳았다. 이렇게 자녀 낳는 내용이 전 지면(紙面)을 장식하고 있다. 왜 이렇게 자녀 낳은 일을 부각시키고 있는 것일까?

다만 에녹에 대해서는 이렇게 묘사하고 있다.

"므두셀라를 낳은 후 삼백 년을 하나님과 동행하며 자녀들을 낳았으며" (창 5:22).

다른 선조들은 한결같이 '낳았다'로 끝난다. 그런데 에녹은 '낳은 후'이다. '낳은 후부터 하나님과 동행했다'고 표현하고 있다. 그러니까 사건의 전개가 이렇게 된다. '에녹이 자녀를 낳은 후, 하나님과 동행했고, 그 동행이 하나님의 기쁨이 되었으며, 이것이 믿음으로 인정받아 결국은 죽음을 맛보지 않고 천국에 들어가는 큰 상급의 주인공이 되었다.' 이 모든 것이, '므두셀라를 낳은 후'부터였다. 하나님과 동행한 시점이 자녀를 낳은 후부터였다. 에녹이 자녀를 낳기 전에는 하나님과 동행하지 않았을까? 그런데 어떻게 자녀를 낳은 후부터는 하나님과 동행하게 되었을까? 여기서 우리가 확인할 수 있는 것은 '자녀를 낳음'과 '하나님과의 동행' 사이에 그 어떤 깊은 상관관계가 있다는 것이다. 과연 이 두 사건 사이에 어떤 함수관계가 있단 말인가?

성경 창세기부터 요한계시록에 이르기까지 성경 전체를 관통하며 흐르는 하나님의 뜻, 소원이 있다. 그것은 '하나님께서 인간인 우리와 친하게 지내고 싶어 하신다'는 것이다. 그냥 함께하는 정도가 아니라 아주, 매우 가까이 지내고 싶어 하신다는 것이다. 이 뜻, 이 소원이 창조 역사를 시작하신 동기가 되었고, 이 열망이 아담과 하와를 창조하셨다. 이 소원이 넘치고 넘쳐 친히 인간의 몸을 입고 이 땅에 오셨으며, 바로 이 소원 때문에 영으로 우리 안에까지 거하실 뿐 아니라, 바로 이 간절한 소원 때문에 천국을 만드시고, 다시 이 땅에 재림하셔서 우리를 그리로 데려가 영원토록 함께하길 원하는 것이다. 이것이 하나님의 유일한 소원이다.

그렇다. 우리 하나님은 "인간과 관계를 가지고 싶은 불타는 열의를 가지신 하나님"(출 34:14; NLT번역)이시다. '선악과를 먹지 말라'(창 2:17)고 하신 이유도 에덴동산, 그렇게 풍족하고 부족함이 없는 환경에서 혹시나 하나님을 잊어버릴까하여 하나님을 의식하면서 즉, 하나님과 친밀한 관계를 유지하면서 살아가도록 하기 위함이었지 그 이상도 이하도 아니었다.

그런데 아담은 어떠했는가? 그는 선악과를 따먹었고, 하나님을 피해 몸을 숨겼다. 그러나 하나님은 "이런 괘씸한 놈이 어디로 숨었느냐?"고 하시지 않았다. "아담아, 네가 어디 있느냐?"라고 하셨다(창

3:9). 죄를 짓고 하나님을 피해 숨어버린 아담을 애타게 찾으셨다. 바람이 몹시 불던 어느 날 동산으로 찾아오셨다(창 3:8). 그리고 친히 양을 잡아 가죽옷을 만들어 입혀서 교제하길 원하셨다(창 3:21). 가죽옷은 무엇을 뜻하는가? 자기의 아들, 독생자를 뜻한다(요 1:29). 우리와의 친밀한 관계 회복을 위해서라면 '자기 아들까지도 아끼지 않으시는' 분이시다(롬 8:32). 깨어진 관계가 회복될 수만 있다면 그 어떤 희생도 감수(甘受)하시겠다는 것이다. 그만큼 우리와 친하게 지내고 싶어 하신다는 것이다. 이것이 하나님의 본심이다. 그런데 그 일 이후 어떻게 사건이 전개되는가?

> "여호와 하나님이 에덴동산에서 그를 내보내어 그의 근원이 된 땅을 갈게 하시니라 이같이 하나님이 그 사람을 쫓아내시고 에덴동산 동쪽에 그룹들과 두루 도는 불 칼을 두어 생명나무의 길을 지키게 하시니라"(창 3:23-24).

하나님이 그 아담을 쫓아내고 계신다. 이것이 진정 하나님의 본심(本心)인가? 아니다. 절대 아니다. 자식이 잘못했을 때 아버지가 어떻게 대하는가? 매를 든다. 때린다. 심지어는 '너 같은 자식은 이제 내 자식이 아니다. 집에 살 가치조차 없는 놈이다. 나가라' 하며 등을 떠밀어 밖으로 쫓아낸다. 정말 그때 아들을 집밖, 춥고 배고프고, 어두운 곳으로 쫓아내려는 것이 아버지의 본심인가? 아니다. 이때 오직 아버지가 기대하는 것이 무엇인가? 아버지의 가슴팍으로 파고들며, "아버지 잘못했습니다. 이제 절대로 그렇게 하지 않고, 아버지 말씀에 순종하겠습니다." 이 한마디 듣고 싶은 것이 아니겠는가! 아버지가 기대하는 것은 단지 그것뿐이다.

> "주께서 인생으로 고생하게 하시며 근심하게 하심은 본심이 아니시로다"
> (애 3:33).

우리가 이 사실을 어떻게 확인할 수 있는가? 창세기 4장에 보면 가인이 하나밖에 없는 동생을 잔인하게 돌로 쳐 죽인다. 어떻게 이럴 수 있단 말인가? 아무런 잘못이 없었는데도 말이다. 때문에 하나님은 단호하게 말씀하신다.

> "땅이 그 입을 벌려 네 손에서부터 네 아우의 피를 받았은즉 네가 땅에서 저주를 받으리니 네가 밭을 갈아도 땅이 다시는 그 효력을 네게 주지 아니할 것이요 너는 땅에서 피하며 유리하는 자가 되리라"(창 4:11-12).

가끔 텔레비전 드라마에서나 뉴스에서 이렇게 훈계하는 아버지를 버리고 가출해 버리거나 대드는 불효막심한 자식 이야기가 나오기도 한다. 시대의 악함에 통탄이 저절로 나온다. 오늘 이 본문에 등장하는 가인은 어떻게 했는가? 동생을 살해한 가인의 태도를 보라. 대들거나 알

앉다고 뒤돌아서서 가버리지 않았다. 하나님 앞에 엎드려 호소했다.

"가인이 여호와께 아뢰되 내 죄벌이 지기가 너무 무거우니이다 주께서 오늘 이 지면에서 나를 쫓아내시온즉 내가 주의 낯을 뵈옵지 못하리니 내가 땅에서 피하며 유리하는 자가 될지라 무릇 나를 만나는 자마다 나를 죽이겠나이다 여호와께서 그에게 이르시되 그렇지 아니하다 가인을 죽이는 자는 벌을 칠 배나 받으리라 하시고 가인에게 표를 주사 그를 만나는 모든 사람에게서 죽임을 면하게 하시니라"(창 4:13-15).

보라. 살인자 가인에게도 은혜를 베푸신다. 가인이 심판과 저주를 받아 마땅한 죄를 범했다. 그럼에도 불구하고 가인이 하나님 앞에서 호소하니 하나님은 그에게 긍휼과 자비를 베풀어 주신다. 이것이 하나님의 본심이다. 그런데 이 본심을 아담은 읽었는가, 읽지 못했는가? 말씀을 보면 먼저 '내보내다'(창 3:23, שָׁלַח(샬라흐), sent him, 남겨놓다, 발송하다)란 단어를 쓰고 있다. 아담이 범죄 한 부분에 대해 한 번 짚고 넘어가자는 것이다. 야단을 쳐서 다시는 그런 일이 없도록 경각심을 일으키자는 것이다. 그래서 שָׁלַח(샬라흐), 즉 짐짓 등을 떠밀어보는 것이다. 우리도 자식들이 잘못했을 때 이런 행동을 하지 않는가! 그런데 아담이 그 말을 듣고 어떻게 반응하는가? '흥' 하면서 휙 나가버린다. 그 모습을 본 아버지 기분이 어떻겠는가? 그 다음을 주목하라. 그러자 '쫓아내다'(창 3:24, גָּרַשׁ(가라쉬), so he drove out, 이혼하다, 국외로 추방하다,

축출하다)란 단어를 쓰고 있다. 앞의 '내보내다'와는 어감이 하늘과 땅 차이다. 왜, 한 사건을 놓고 이렇게 다른 단어를 쓰고 있는 것일까?

내가 초등학교 3학년 때의 일이다. 그때 우리 반을 맡은 담임은 조춘자 선생님이셨다. 얼굴이 해맑은 22살 처녀 선생님, 나는 선생님을 은근히 좋아했다. 그리고 나는 반장이었다. 그래서인지 선생님도 나를 예뻐해 주셨다. 당시는 청소도구인 걸레나 빗자루를 집에서 만들어 가져와서 나무 바닥인 교실을 쓸고, 바닥, 복도에 왁스칠을 하곤 했다. 그러던 어느 날, 선생님이 청소도구를 하나씩 가져 오라는 숙제를 내셨다. 그런데 다음날 나는 깜빡 잊고서 청소도구를 가져가지 못했다. 선생님께서 "넌 반장이나 되어가지고, 숙제도 안 해오니? 오늘은 수업 듣지 말고 교실 밖에 나가." 그 말씀에 너무 속상했다. 그래서 문을 열고 밖으로 나왔다. 그리고 집으로 와 버렸다. 선생님이 그런 나의 모습을 보면서 얼마나 속상하셨을까? 선생님의 본심은 무엇이었을까? 그까짓 빗자루 안 가져왔다고 학생더러 수업도 받지 말고 집으로 가라는 말씀이셨을까? 아니다. 다음엔 정신 차리고 그런 실수 없이 잘하라는 뜻으로 말씀하신 것이다.

하나님은 그냥 한번 따끔하게 야단치시려고 했을 뿐이다. '너 그러려면 나가라' 하고 등을 한번 떠미셨을 뿐이다. 그런데 아담은 그냥 휙 나가버린다. 이런 저런 변명만 늘어놓다가(창 3:12), 용서를 구하기는커녕 집을 나가 땅을 갈고 농사를 짓기 시작한다. 아버지의 본심도 모른 채 말이다. 만일 그때 '샬라흐', 즉 내보내실 때 돌아서서 "아버지,

제가 잘못했습니다. 한번만 용서해 주세요" 했더라면 하나님은 '가라 쉬', 즉 쫓아내지 않았을지 모른다. 인류의 역사가 달라졌을지도 모른다. 가슴을 파고드는 아담을 매몰차게 에덴동산에서 내치지 않았을지 모른다. 왜냐하면 하나님은 인간과 친밀한 교제를 열망하고 계신 분이기 때문이다.

그 이후 아담의 후예들은 어떻게 했는가? 그것이 창세기 5장에 나타나 있다. 저들은 하나님의 본심을 헤아리지 못하고 점점 더 하나님과 멀어져갔다. 어느 정도로 멀어졌는가 하면 하나님께서 사람 지으신 것을 후회할 정도가 되었다(창 6:6). 그들이 하나님께 제사 드린 흔적을 그 어디에서도 찾을 길 없다. 홍수심판을 받은 것은 그만큼 하나님으로부터 멀어져갔다는 증거다.

그런데 이런 자들에게 하나님께서는 계속해서 자녀를 주신다. '낳았더라', '자녀들을 낳았더라'라는 표현이 반복되고 있다. 왜 이렇게 그 지으신 것을 후회할 정도로 멀어진 사람들에게 자녀를 주시는 것인가? 이것은 일종의 사인(Sign)이다. 하나님이 사인(Sign)을 계속 보내시는 것이다. 어떤 사인인가? 바로 여기에 '자녀 낳음'과 '하나님과의 동행' 사이에 상관관계가 숨겨져 있다. 자녀를 낳으면 우리는 자연스럽게 아버지가 된다. 아버지가 되어 자식을 기르면 누구의 마음을 이해할 수 있게 되는가? 그렇다. 하나님은 우리가 하나님 아버지의 마음, 즉 자녀인 우리와 친숙하게 지내고 싶은 그 마음을 이해할 수 있게 되리라고 기대하셨다. 그래서 자녀를 낳도록 허락하셨다. 범죄 함에도 불구하고, 하나님을 떠나 멀리멀리 떠나감에도 불구하고, '자녀 낳음'을 계속 허락하셨다.

그런데 저들은 어떠한가? 단 한사람도 하나님께 가까이 나아오는 자가 없었다. 자식을 낳아 기르도록 했지만 아버지 하나님의 본심, 그 애타는 중심을 읽고 하나님과 동행하기를 원하는 자가 없었다. 무려 600여 년의 세월이 흐르기까지 말이다. 그런데 아담의 6대 손, 에녹이 태어났다. 아담의 나이 622세였을 때다. 그가 태어나 65세가 되었을 때에 하나님께서 그에게도 자녀를 허락하셨다(시 127:3). 그가 바로 므두셀라다. 자식을 키워보니, 누구의 마음을 이해하게 되었는가? 자식을 낳기 전까지는 몰랐는데 자식을 키워보니 하나님의 마음을 읽게 되었다. 하나님의 본심을 이해했다. '므두셀라를 낳은 후 하나님과 동행했다'는 것은 자녀를 키우면서 하나님의 마음을 읽었다는 뜻이다. '내가 내 자식과 함께하길 원하는 것처럼 하나님도 나와 함께하시길 원하시는구나!' 그래서 그는 하나님께 나아갔다. 하나님을 찾았다. 하나님과 동행했다는 말이다. 그러자 하나님께서 기쁨을 이기지 못하셨다. 이런 에녹을 보시면서 하나님은 이렇게 말씀하셨다.

평범함 속에 숨겨놓은 하나님의 소원

"믿음이 없이는 하나님을 기쁘시게 하지 못하나니 하나님께 나아가는 자는 반드시 그가 계신 것과 또한 그가 자기를 찾는 자들에게 상 주시는 이심을 믿어야 할지니라"(히 11:6).

하나님은 에녹을 이 세상에서 가장 큰 상의 주인공이 되게 하셨다. 죽음을 맛보지 않고 천국에 들림을 받는 상을 베푸셨다. 에녹뿐만 아니라 그의 자녀 므두셀라에게도 놀라운 축복을 허락하신다. 그는 969세, 지구상에서 가장 오래 장수(長壽)했다. 그런데 더 놀라운 것은 므두셀라가 죽던 바로 그 해에 노아의 홍수가 시작되었다는 사실이다. 홍수 심판을 받지 않도록 므두셀라를 하늘로 데려가신 것이다. 이 얼마나 놀라운 축복인가?

기죽지 말자! 평범한 일, 지금 내가 하고 있는 일을 통해서도 얼마든지 하나님께 기쁨을 드릴 수 있다. 믿음의 사람이라는 인정을 받을 수 있다. 하나님은 내 삶의 현장에 축복의 씨앗을 숨겨 놓고 계신다. '하나님은 상(賞) 주시는 분이시다'는 사실을 믿고 나아가면 분명히 큰 상을 받게 될 것이다. 그 씨가 자라 꽃이 피고, 열매를 맺게 될 것이다. 무엇보다 내 삶의 현장에서 내게 향하신 하나님의 뜻을 깨달으며 그분 가까이 나아가기를 힘쓸 때, 우리는 인정받는 믿음의 소유자가 될 것이다. 평범함 속에 하나님의 뜻이 있다. 평범함 속에 하나님의 소원이 있다. 내가 지금 가지고 있는 것, 누리고 있는 것, 잡고 있는 것 속에 하나님의 뜻이 있다. 그 뜻을 발견하고, 그 뜻에 순종하는 것이 믿음이다. 이 믿음은 우리 앞에 당면한 갖가지의 '죽음'까지도 뛰어넘는 놀라운 역사를 일으킨다. 이 믿음의 소유자가 될 수 있기를 주의 이름으로 축원한다.

"하나님을 가까이하라 그리하면 너희를 가까이하시리라"(약 4:8a).

점검 CHECK

매일 해야 하는 일들이 가치 없어 보이고 힘 빠지게 하는가?
한 달 중 하루만 즐거운가, 아니면 하루하루를 즐기며 사는가?

 수정 CHANGE

하나님께서 삶의 현장에 숨겨 놓은 축복의 씨앗을 찾아라.
믿음은 보물찾기다. 평범한 삶 속에서 하나님 소원을 발견하고 그 기쁨을 누리라.

 주의 CAUTION

현실에 주저앉으라는 것이 아니다. 그것은 게으름에 지나지 않는다.

3장

일생을 걸 한 가지 일을 하라

(히 11:7)

아직 보이지 않는 일

언제인가 내가 속한 교단의 총회가 울산에서 열렸을 때의 일이다. 중요한 안건들이 총대들의 총의(總意)로 하나하나 결의되어가는 과정을 보면서 하나님의 섭리와 사랑, 그리고 소망을 발견할 수 있었다. 우리가 머물던 숙소는 마침 현대중공업 정문 앞에 있었다. 12층에서 내려다보는 풍경은 정말 거대했다. 1,600톤을 움직인다는 세계 최대 크레인 골리앗을 위시(爲始)한 여섯 개의 거대한 크레인이 대형 선박들을 건조(建造)하고 있었다. 아침 출근시간이 되면 그야말로 장관(壯觀)을 구경할 수 있었다. 5만 명이 훨씬 넘는 직원들이 오토바이, 자전거, 혹은 도보로 정문을 향해 들어가는 모습이 마치 진공청소기 안으로 빨려 들어가는 것 같았다. 그 수많은 사람들이 매일같이 달라붙어 첨단장비와 크레인 등을 동원해 오랜 시간에 걸쳐서 선박을 건조한다. 앞으로도 몇 년간은 계속 배를 만들어야 할 정도로 많은 배를 이미 계약해 놓은 상태라고 하니 가히 우리나라의 배 만드는 기술을 알아 주어야 한다.

성경에서 우리는 선박 건조의 원조 격인 한 사람을 만난다. 노아다. 그가 건조한 배, 일명 '노아의 방주'는 하나님이 설계하셨다. 하나님은 홍수가 있을 것이라고 말씀하시며 방주를 짓도록 하셨다.

"내가 홍수를 땅에 일으켜 무릇 생명의 기운이 있는 모든 육체를 천하에서 멸절하리니 땅에 있는 것들이 다 죽으리라"(창 6:17).

"너는 고페르 나무로 너를 위하여 방주를 만들되 그 안에 칸들을 막고 역청을 그 안팎에 칠하라"(창 6:14).

"새가 그 종류대로, 가축이 그 종류대로, 땅에 기는 모든 것이 그 종류대로 각기 둘씩 네게로 나아오리니 그 생명을 보존하게 하라"(창 6:20).

물론 방주에 관한 구체적인 설계도면을 노아에게 주셨다. 이 말씀에 대한 반응이 히브리서 11장 7절이다.

"믿음으로 노아는 아직 보이지 않는 일에 경고하심을 받아 경외함으로 방주를 준비하여 그 집을 구원하였으니 이로 말미암아 세상을 정죄하고 믿음을 따르는 의의 상속자가 되었느니라"(히 11:7).

그가 어떤 반응을 보였는가? 우선 '믿음으로 노아는 아직 보이지 않는 일에…'라는 말로 시작한다. 여기 '아직 보이지 않는 일'이란 무슨 뜻일까? 노아가 큰 비, 홍수(洪水)를 본 적이 있었을까? 또 하나, 그가 큰 배를 본 적이 있었을까? 노아가 살던 당시 상황은 어떠했던가? 노아 홍수를 기점으로 중대한 변화 하나를 확인할 수 있다. 그것은 사람의 수명(壽命)이다. 홍수 전에는 800-900세가 보통이었다. 그런데 홍수 이후에는 120세로 급격히 짧아져 버린다. 이유가 무엇일까?

노아 당시만 해도 지구는 흡사 거대한 물주머니에 둘러싸여 있는 그런 형태였다. 지상 20-25킬로미터의 상공에 위치하여 자외선을 흡수하는 오존층(Ozone 層)은 무척이나 두터웠다. 그런데 홍수로 하늘의 물들이 쏟아져 내리면서 오존층이 얇아져 버렸다. 성경은 이를 '하늘의 창문들이 열렸다'로 표현하고 있다(창 7:11). 때문에 홍수를 기점으로 사람들의 수명에 급격한 변화가 일어났다. 이것은 무엇을 짐작케 하는가? 노아 시대까지만 해도 큰 홍수가 없었다. 큰 비도 필요 없었다. 때문에 노아의 뇌리에는 홍수라는 개념 자체가 없었다. 어떤 것인지, 어떻게 내리는 것이 큰비인지 알 길이 없었다. 그것이 얼마나 무서운 것인지도 몰랐다. 지금까지 단 한 번 본 적도, 경험한 적도 없었기 때문이다.

그때 노아가 살던 곳은 어디인가? 노아와 관련하여 등장하는 지명은 한 개뿐이다. 그곳은 아라랏 산이다(창 8:4). 아라랏 산은 터키에 있는 해발 5,165미터 이상의 고산(高山)으로서 태고 이래로 눈과 얼음이 녹지 않는 곳이다. 노아가 이곳에서 방주를 만들었을 것이라고 추정하는 이도 있으나 그것은 무리다. 오히려 노아는 에덴동산이 있었을 것으로 추정되는 갈대아 우르 가까운 곳에 살고 있었지 않았나 생각한다. 왜냐하면 그 당시 아담의 후예들은 본성적으로 흩어지는 것을 싫어했기 때문이다(창 11:4). 그렇다면 노아는 바다가 없는, 내륙 깊은 곳에서 배를 만들었다고 볼 수밖에 없다. 그런데 그 배가 홍수로 떠올라 1년 이상 풍랑에 이리저리 떠밀려 다니다가 물이 빠지자 아라랏 산 어느 곳에 걸려 그곳에 머물렀던 것이다. 그러니까 노아는 바다나 배를 본적도 없고, 그래서 배에 대한 개념조차 없었다고 보는 것이 정상이다. 더군다나 노아가 지은 배는 그 모양이 잠수함, 즉 뚜껑이 완전히 덮인 그런 선박이었을 것이란 심증을 갖게 한다.

그 이유는 첫째, 노아의 여덟 식구와 생명 있는 암수가 방주에 들어가고 난 뒤에 방주의 문을 닫으신 분이 하나님이셨다(창 7:16). 둘째, 홍수 후 물이 줄어든 여부를 노아가 육안으로 직접 확인하지 못하고 까마귀와 비둘기를 방주 밖으로 날려 보내었다(창 8:6-12). 셋째, 홍수는 단지 40여 일 비가 내리는 정도가 아니었다. "그날에 큰 깊음의 샘들이 터지며 하늘의 창문들이 열려 사십 주야를 비가 땅에 쏟아졌더라"(창 7:11b-12). 그 사십 일의 비로 온 세상과 높은 산들이 다 물에 잠겨버렸다. 그 위에 7미터나 더 높이 올라갔다. 그야말로 천지개벽(天地開闢)이다. 학자들은 창세기 8장 22절에 근거하여 이때 지구의 축이 23.5도 기울어짐으로써 지구의 균형이 깨어진 것으로 본다. 이렇게 불균형(unbalance)된 것을 균형(balance)을 맞추기 위해 바람이 불고, 눈과 비가 오며, 태풍이 불고, 겨울과 여름, 추위와 더위의 반복이 시작된 것으로 본다.

> "땅이 있을 동안에는 심음과 거둠과 추위와 더위와 여름과 겨울과 낮과 밤이 쉬지 아니하리라"(창 8:22).

당시 홍수는 상상을 초월했다. 때문에 노아의 방주도 그 상황에서는 한갓 일엽편주(一葉片舟)에 불과했을 것이다. 단순히 배였다면 견딜 수 있었을까? 단순히 배에 탔다고 생명을 보존할 수 있었을까? 그러므로 단순한 선박 모양이 아니라, 분명 잠수함 모양이었을 것이다. 이런 배를 본 적이 있었을까? 전혀 본 적이 없었을 것이다. 그러므로 노아는 홍수에 대한 개념도, 방주에 대한 개념도 전혀 없는 그런 상태였다. 그러므로 '아직 보이지 않는 일'(히 11:7)이란 이 두 가지를 두고 하는 말이다. 홍수도, 방주도 보지 못한 일이요, 보이지 않는 것, 경험한 적이 없는 것이란 말이다. 그런데 '홍수가 있을 것이다. 방주를 만들라'는 이 상상도 할 수 없는 말씀 앞에서 노아는 어떤 반응을 보이는가?

뜻한 것을 이루시다

> "믿음으로 노아는 아직 보이지 않는 일에 경고하심을 받아 경외함으로 방주를 준비하여 그 집을 구원하였으니 이로 말미암아 세상을 정죄하고 믿음을 따르는 의의 상속자가 되었느니라"(히 11:7).

먼저 그는 하나님을 경외했다. 하나님이 지금 무엇을 하시겠다고 말씀하시는가? 홍수로 다 쓸어버리겠다고 말씀하신다. 단지 그 시대 사람들만 피해를 입는가? 그렇지 않다. 노아 역시 심각한 피해를 입는다. 일생 동안 땀 흘려 일구어온 집, 가족, 전답이 홍수로 흔적도 없이 사라진다. 그에게 손자는 없었을까?(창 7:13) 친지는 없었을까? 그들이 다 홍수에 생명을 잃는 끔찍한 일이 일어난다. 하나님이 그렇게 하시겠다는 것이다. 그런데 그 하나님의 경고 앞에서 노아는 그분을 경배한다. 예배를 드린다. 그러므로 이 경외(敬畏)라는 단어는 단순한 의미가 아니다. 이 경외, 예배 속에는 어떤 신앙고백이 담겨 있는가? "하나님이 하시는 일들은 다 옳습니다. 그렇게 말씀하시고 그 일을 행하시겠다는 하나님은 경배를 받으시기에 합당하십니다." 이 고백이 '경외'라는 단어 속에 녹아 있다. 이 믿음이 그대에게 있는가? 이 믿음으로 하나님 앞에 나아가고 있는가? 하나님은 이 믿음을 요구하신다. 만일 이 믿음이 결여된 채로 예배를 드린다면 하나님은 그런 예배를 받지 않으신다. 경외, 즉 예배에는 이 믿음이 언제나 녹아 있어야 한다.

욥에게 큰 시련이 닥쳤다. 어떻게 그렇게 한 순간에 그런 큰일을 당할 수 있는지, 모든 것이 다 날아가 버렸다. 남은 건 자신의 몸 하나뿐이었다. 그때 욥이 한 고백이 무엇인가?

> "욥이 일어나 겉옷을 찢고 머리털을 밀고 땅에 엎드려 예배하며 이르되 내가 모태에서 알몸으로 나왔사온즉 또한 알몸이 그리로 돌아갈지라 주신 이도 여호와시요 거두신 이도 여호와시오니 여호와의 이름이 찬송을 받으실지니이다 하고 이 모든 일에 욥이 범죄하지 아니하고 하나님을 향하여 원망하지 아니하니라"(욥 1:20-22).

그가 지금 하나님을 경배하고 있다. 그 경배 속에 담겨 있는 것은 무엇인가? 그렇다. 하나님은 선하시며 한번 뜻하시면 반드시 이루신다는 두 가지 고백이 녹아 있다.

다윗이 땅바닥에 엎드려, 금식하며 기도한다. 이제 갓 태어난 아들이 중병으로 죽어가고 있기 때문이다. 무려 칠일 동안 금식하며 기도했는데 결과는 아들의 죽음이다. 아들이 죽은 사실을 신하들이 보고하지 못했다. 다윗이 크게 낙담할 것 같았기 때문이다. 그러나 아들이 죽었다는 소식을 들은 다윗의 반응은 어떠한가?

"다윗이 땅에서 일어나 몸을 씻고 기름을 바르고 의복을 갈아입고 여호와의 전에 들어가서 경배하고 왕궁으로 돌아와 명령하여 음식을 그 앞에 차리게 하고 먹은지라"(삼하 12:20).

여기에 '경배'란 단어가 나온다. 다윗의 경배 속에는 어떤 신앙고백이 담겨 있는가? 여기에도 "하나님은 모든 경우에 선하시다. 그분이 계획하신 것은 이루신다"는 믿음이 담겨 있다. 하박국, 그가 처음에는 하나님의 깊은 뜻을 몰라 불평하고 원망했다. 그런 그가 하나님의 깊은 뜻을 알게 되자 어떤 신앙고백을 하는가?

"비록 무화과나무가 무성하지 못하며 포도나무에 열매가 없으며 감람나무에 소출이 없으며 밭에 먹을 것이 없으며 우리에 양이 없으며 외양간에 소가 없을지라도 나는 여호와로 말미암아 즐거워하며 나의 구원의 하나님으로 말미암아 기뻐하리로다"(합 3:17-18).

성경은 이것을 믿음이라고 말한다. 오늘 우리에게 이 믿음이 있어야 한다. 어떤 경우에도 하나님은 선하시다. 그분은 뜻하신 바를 필히 이루시고야 만다. 설령, 그것을 내가 보지 못했다 할지라도, 경험하지 못했다 할지라도 하나님이 말씀하신 것은 그대로 이루어진다. 이것을 믿는 믿음이 참된 믿음이다.

120년 동안 한 가지 일만 하다

노아는 하나님을 경외하는 이 정도에서 끝내지 않는다. 그는 '방주를 준비하여', 즉 방주를 짓기 시작한다. 설계도면을 보니 이게 장난이 아니다. 어느 정도 크기였는가?

"네가 만들 방주는 이러하니 그 길이는 삼백 규빗, 너비는 오십 규빗, 높이는 삼십 규빗이라 거기에 창을 내되 위에서부터 한 규빗에 내고 그 문은 옆으로 내고 상 중 하 삼층으로 할지니라"(창 6:15-16).

규빗이라는 단위가 낯설다. 길이가 약 135미터, 폭이 약 22.5미터,

높이가 약 13.5미터로 축구경기장 크기 정도라고 상상하면 된다. 한마디로 엄청난 크기다. 내부는 3개 층으로 나누고, 중간에 여러 칸들을 만들도록 했다. 이 정도 크기의 방주를 만들도록 명령하셨다. 축구장만한 방주를 만들라고 하신 것이다. 이게 말이 되는 일인가? 막상 일을 시작했으나 막막하기 그지없었다. 도와줄 누구 한 사람 없다. 요즘 같은 상황이라면 그를 정신병자로 치부(置簿)하며 '왕따'시키고 말았을 것이다. 자녀들은 도왔을까? 마지못해 도왔을 것이다. 하지만 그 자녀들도 내키지 않는 하루하루였을 것이다. 이렇게 큰 방주 만들기가 1-2년에 끝날 일인가? 아니다. 무려 120년의 세월이 소요되었다. 그 긴 기간 동안 노아는 오직 하나에 매달렸다. 연장이나 변변했을까? 나무는 '고페르나무'(잣나무)여야만 했다(창 6:14). 그 큰 배를 만드는 데 쓸 잣나무를 구하는 것도 보통은 아니었을 것이다. 어떻게 운반했을까? 나무와 나무 사이에 역청을 안팎으로 발라야 했다. 높이가 13.5미터였다. 층수가 올라갈수록 작업은 더딜 수밖에 없었을 것이다. 이 거대한 일을 겨우 아들 셋과 함께 진행하고 있다. 쉬운 일이었을까?

참 바보 같은 짓이었다. 120년 동안 오직 한길, 배 만드는 일에 전념했다. 노도 없고, 돛도, 닻도 없는 배, 임의로 움직일 수도 없고, 그냥 물에 떠 있을 수밖에 없는 배를 만들고 있는 것이다. 얼마나 무모하고 바보 같은 일로 보였겠는가. 바닷가도 아닌 내륙 깊은 곳에 배를 만들다니, 요즘도 조선소는 다 바다를 끼고 있지 않은가. 노아는 누가 욕을 하던, 손가락질하던 개의치 않았다. 1, 2년도 아닌, 무려 120년 동안 한결같이 이 일을 계속했다. 특별히 하나님은 역청을 안팎으로 칠하라고 명령하셨다.

"너는 고페르 나무로 너를 위하여 방주를 만들되 그 안에 칸들을 막고 역청을 그 안팎에 칠하라"(창 6:14).

나무 원목 사이사이에 골고루, 빠짐없이 역청을 칠하라고 하셨다. 얼마나 많은 역청을 칠해야 하는지 짐작할 수 있겠는가? 어마어마한 양이었을 것이다. 또 그 일은 얼마나 어려운 일이었을까? 그리고 이 노아의 방주가 오늘 우리에게는 어떤 의미가 있겠는가? 분명히 해둘 것은 노아가 지금 거룩하고 성스러운 일을 하고 있는가라는 점이다. 그렇지 않다. 땀을 뻘뻘 흘리면서 나무 베고, 메고 오고, 잘라 끼워 맞추고, 역청 칠하고, 지금 우리가 하는 일과 똑같은 바로 그 일을 노아가 하고 있다. 한마디로 노아가 방주를 짓고 있다. 그런데 그것이 결국은 노아와 그의 가족들을 구원하는 그야말로 '노아의 방주'가 되었다.

이것은 대단히 중요한 메시지를 준다. '경외'는 예배다. 하나님을 경외하는 것, 그것은 예배의 현장이다. 그리고 방주를 짓는 것, 그것은 내 삶의 현장이다. 하나님 앞에서 하나님을 경외하는 자리에 나아가는 것, 그리고 삶의 현장에서 최선을 다해 자신의 방주를 짓는 것, 이것을 성경은 '믿음'이라고 설명하고 있다. 그리고 그 믿음이 결국은 자기와 자기 가족을 구원하게 되었다고 말한다.

지금 그 일에 최선을 다하고 있는가?

지금 하고 있는 일을 얼마나 오래 해왔는가? 그리고 그 일에 평생을 걸 믿음이 우리에게 있는가? 경외, 즉 하나님이 하시는 일은 언제나 옳다. 이 고백이 있는가? 한 단계 더 나아가 나의 방주를 짓고 있는가? 내 경험과 이성에 맞지 않아도 좋다. 주변 사람들로부터 손가락질 받으며, 바보 취급을 받아도 좋다. 따돌림을 당해도 좋다. 하나님의 말씀에 나는 순종하련다. 나의 방주를 지으련다. 그것이 120년 동안, 내 일생 동안 해야 할 일이라도 좋다. 나는 끝까지 이 일을 감당하리라. 이 단계에까지 나아가야 한다.

이런 자에게 주시는 은혜가 무엇인가? "그 집을 구원하였으니"(히 11:7). 성경에서 구원은 항상 두 가지 의미를 내포하고 있다. 하나는 죄와 심판, 진노로부터의 구원이다. 누가복음 7장 36절 이하에 보면 예수님이 한 바리새인의 집에 계실 때에 한 여자가 예수님께 나아와 향유 담은 옥합을 깨뜨리며 눈물로 발을 적시고 머리털로 닦고, 그 발에 입을 맞추고 향유를 부었다. 그때 주님께서 말씀하셨다.

> "이에 여자에게 이르시되 네 죄 사함을 받았느니라 하시니 함께 앉아 있는 자들이 속으로 말하되 이가 누구이기에 죄도 사하는가 하더라 예수께서 여자에게 이르시되 네 믿음이 너를 구원하였으니 평안히 가라 하시니라"(눅 7:48-50).

또 하나는 내가 안고 있는 기가 막힌 문제의 해결이 구원이다. 마가복음 5장에 보면 열두 해를 혈루증으로 고생하던 여인이 등장한다. 그 여인은 '많은 의사에게 많은 괴로움을 받았고 가진 것도 다 허비하였으되 아무 효험이 없고 도리어 더 중하여졌던' 여인이다(막 5:26). 이 여인이 어느 날 조용히 예수님의 옷자락을 만졌다. 그때 어떤 일이 일어났는가? 혈루의 근원이 곧 말라 깨끗하게 나았다.

> "예수께서 이르시되 딸아 네 믿음이 너를 구원하였으니 평안히 가라 네 병에서 놓여 건강할지어다"(막 5:34).

이와 같이 성경에서 구원은 두 가지 의미를 담고 있다. 심판으로부터의 구원과 문제로부터의 해결이라는 구원, 이 두 가지다. 이 두 가지 구원이 필요하지 않은 사람이 있는가? 누구에게 이런 구원의 역사가 나타나는가? 하나님의 말씀 앞에서 그분을 전적으로 경외하고, 방주를 짓는 자에게 이 구원의 역사가 나타난다. 왜냐하면 하나님께서 방주를 지으라고 하실 때 '너를 위하여' 지으라고 하셨기 때문이다(창 6:14).

우리는 모두 노아로 부름 받았다. 하나님 앞에서 하나님을 경외하는 자들이 되자. 그리고 각자 위치에서 자신의 방주를 최선을 다해 짓고 또 짓자. 구석구석 보이지 않는 부분까지 정성들여 역청을 칠하자. 노아는 눈가림으로 하지 않았다(골 3:22). 부득이함으로도 하지 않았다(벧전 5:2). 비가 오고, 창수가 나면 다 드러난다. 공적이 다 드러난다(고

전 3:13). 이 구석진 곳을 누가 보겠느냐 하는 마음으로 단 한 구석이라도 적당히 칠을 빼먹으면 어떻게 되겠는가? 물이 쏟아져 들어와 결국은 다 죽고 말 것이다. 그런데 노아의 방주는 무려 1년 동안이나 그 풍랑 속에서도 침몰하지 않았다. 물이 배로 스며들지 않았다.

지금 하고 있는 그 일이 누구를 위한 것이 아니다. 바로 자신을 위한 일이다. 내 행복을 위한 것이다(신 10:13). 하나님은 주목하고 계신다. 지금 그 일에 최선을 다하고 있는지 보고 계신다. 방주! 잘 짓자. 하나님이 분명 그 일을 통해 나에게 복 주실 것이다. 이것을 믿는 믿음으로 하루하루 영적, 육적인 일에 최선을 다하자. 내가 지어야 할 방주를 변함없이 짓고, 또 짓자. 힘들어도, 언제 끝날지 몰라도, 이 일을 계속하자. 하나님이 내가 짓는 이 방주를 통해 놀라운 역사를 일으키실 줄 확신한다.

주의 말씀 듣고서 준행하는 자는 반석 위에 터 닦고 집을 지음 같아
비가 오고 물 나며 바람 부딪쳐도 반석 위에 세운 집 무너지지 않네
잘 짓고 잘 짓세 우리 집 잘 짓세 만세반석 위에다 우리 집 잘 짓세

(찬송가 204장 1절)

점검 CHECK

일 년에 한 번씩 이일 저일 바꾸면서 아직도 방황하고 있는가?

우리는 누구 때문에, 왜 일하는가. 120년 동안이라도 그 일을 할 수 있겠는가?

 수정 CHANGE

"너의 방주를 지어라." 손가락질도, 따돌림도 하나님 상급의 양념이다.

믿음은 거기서 한 발짝 더 가는 것이다. 하나님이 시키신 일을 끝까지 이루라.

 주의 CAUTION

우리가 느끼는 끝은 끝이 아니다. 바로 그 순간부터 하나님이 인도하신다.

믿음 사용설명서

믿음으로 할 수 있는 놀라운 일들을 알려 주는 친절한 안내서

4장

고향 떠날 용기가 있는가?

(히 11:8–10)

고향의 까마귀도 반갑다

추석은 우리 민족 최대의 명절이다. 추석은 신라 제3대 왕이었던 유리 왕(儒理王)때부터 시작되었다. 유리 왕은 궁궐에 있는 여성들로 하여금 7월 보름부터 8월 보름까지 베를 짜게 한 후, 8월 보름이 되면 음식을 만들어 나누어 먹고 춤추며 즐기도록 했다. 또 그날이면 여성들이 짠 베를 가지고 머슴들에게 새 옷을 한 벌씩 해주었다. '한가위', '추석빔'이란 단어는 여기에서 유래되었다. "더도 덜도 말고 '한가위'만 같아라"라는 속담이 생길 정도로 우리에게 추석은 계절의 풍성함과 함께 민족 정서에 가장 잘 맞는 명절이다. 그래서인지 고향으로 향하는 귀성행렬은 그야말로 가관(可觀)이다. 2009년에는 약 3,000만 명이 고향을 찾았다고 한다. 하기야 한국 인구의 44%가 고향을 떠난 사람들이라고 하니 그럴 만도 하다.

한편, 이런 저런 사정으로 고향에 다녀오지 못한 사람도 있다. 고향에 갈 수는 있지만 어떤 사정으로 못 간 분들은 그래도 괜찮다. 지금은 갈 수 없는 이북에 고향을 둔 사람도 있다. '잠시만 피하면 되겠지. 곧 고향으로 돌아올 수 있을 거야. 헤어지는 것은 잠깐일 뿐 곧 만나게 될 거야!'라는 생각으로 가볍게 차려입고 고향을 떠난 것이 이렇게 긴 세월이 될 줄은 꿈에도 생각하지 못했을 것이다. 그때 고향을 떠났던 제1세대들은 지금 고향을 그리워하면서 한 맺힌 생을 마감하고 있다.

얼마 전 그 동안 중단되었던 남북이산가족 상봉이 금강산에서 있었다. 고향을 밟지는 못해도 생전에 가족이나 한번 만나보기 위한 이산가족상봉 신청자가 8만 6천여 명, 경쟁률이 무려 800대 1이라고 한다. 모든 사람이 한 번이라도 만나려면 족히 500년은 걸린다고 한다. 그래서 추첨에서 탈락한 한 할아버지는 목숨을 끊기까지 했다. 특별히 이북에 고향을 두신 분들께 하나님의 위로가 넘치기를 바란다. 가능한 한 생전에 고향 땅을 밟아 보며, 생사를 몰라 애태우던 가족과 일가친척을 만나는 기쁨이 있기를 바란다. 왜 이렇게 모두들 고향을 그리워할까? '고향'하면 가슴이 설레고, 아늑함과 푸근함을 느끼는 것은 웬일일까? 왜 고향이 어머니 품과 같고, 따뜻한 모정의 그리움같이 느껴질까? 이 의문에 대한 해답이 성경에 있다.

> "하나님이 모든 것을 지으시되 때를 따라 아름답게 하셨고 또 사람들에게는 영원을 사모하는 마음을 주셨느니라"(전 3:11a).

하나님께서 사람을 창조하실 때 그 마음에 '영원'에 대한 그리움을 주셨다. 그러면 여기서 말하는 '영원'이란 무엇일까? 첫째는 하나님을 뜻한다. 오직 하나님만이 영원하신 분이기 때문이다. 그래서 양(羊)으로 지음 받은 사람들은 너나 할 것 없이 목자(牧者), 즉 그 마음 안에 각자 나름의 하나님이 있다(요 10:11). 의지하는 대상, 신앙의 대상이 있다는 말이다. 제삼자가 볼 때, 삯꾼과 같은 그것을 의지하는 것은 너무나 어리석게 보이지만 그들 자신은 그렇게 생각하지 않는다(요

10:12). 자신이 의지하는 것이 '전능자, 즉 하나님'이라고 확신한다. 이 점에 있어서 예외는 없다(행 17:22-23). 그 이유가 무엇일까? 하나님이 그 마음에 '영원', 즉 전능자를 사모하는 마음을 주셨기 때문이다.

둘째는 '본향'이다. 하나님께서 인간에게 고향을 사모하고 그리워하는 마음을 넣어주셨다. 고향은 따뜻하고 정답고, 이제껏 저지른 실수도 다 용서받고 다시 시작할 수 있는 곳이다. 멀리 떠나 있어도 어느 날 야구장에 자이언츠, 라이온즈, 타이거즈 등 자기 고향의 팀이 나오면 자신도 모르게 응원하게 만든다. 대통령 선거 시엔 표의 지역 쏠림현상이 나타난다. 고향 까마귀만 봐도 반갑다. 모두들 고향을 그렇게도 그리워하기 때문이다. 이 마음, 고향을 그리워하는 마음을 주신 분이 하나님이시다. 그러므로 고향을 그리워하는 것은 참 아름답고 순수한 인간의 본성이다. 부모님을 섬기고(엡 6:1), 형제가 연합하여 동거하는 것(시 133:1)이 얼마나 아름답고 귀한 일인가! 그런데 성경은 고향에 대해서 좀 다른 시각으로 접근하고 있다는 것을 놓치지 말아야 한다.

> "그들이 나온바 본향을 생각하였더라면 돌아갈 기회가 있었으려니와 그들이 이제는 더 나은 본향을 사모하니 곧 하늘에 있는 것이라 이러므로 하나님이 그들의 하나님이라 일컬음 받으심을 부끄러워하지 아니하시고 그들을 위하여 한 성을 예비하셨느니라"(히 11:15-16).

본문에 두 종류의 고향이 언급되고 있다. '나온바 본향'(히 11:15)과 '더 나은 본향'(히 11:16)이다. 분명히 다른 고향이다. 그럼, 여기서 등장하는 '나온바 본향'은 무엇이며, '더 나은 본향'은 무엇인가? 15절의 '나온바 본향'은 육적인 고향, 즉 내가 태어나고, 자라고, 내 부모가 살고 있는 고향이다. 그러면 16절의 '더 나은 본향'은 어디일까? 성경은 그 본향이 '하늘에 있다', '하나님이 예비해 놓으신 성이다'라고 말한다(히 11:16). 결국 우리에게는 두 가지의 고향이 있다는 것이다. '나온바 본향'과 '더 나은 본향'이 그것이다. 하나님께서 우리에게 영원, 즉 본향을 사모하는 마음을 주신 것은 사실이다. 그런데 그것이 단순히 '나온바 본향', 즉 지금 모두가 그렇게도 그리워하는 육적인 고향만을 사모하라고 주신 마음이 아니라는 것이다. 오히려 하나님은 이 육적인 고향은 떠나라고 명령하신다.

고향 떠나기를 보채시는 하나님

"스데반이 이르되 여러분 부형들이여 들으소서 우리 조상 아브라함이 하란에 있기 전 메소보다미아에 있을 때에 영광의 하나님이 그에게 보여 이르시되 네 고향과 친척을 떠나 내가 네게 보일 땅으로 가라 하시니 아브라함이 갈대아 사람의 땅을 떠나 하란에 거하다가 그의 아버지가 죽으매 하나님이 그를 거기서 너희 지금 사는 이 땅으로 옮기셨느니라"(행 7:2-4).

하나님께서 어느 날 메소포타미아, 자신이 태어난 고향에 살고 있는 아브라함에게 나타나신다. 그리고 하신 첫 마디가 무엇인가? 본토, 친척, 아비 집, 즉 고향을 떠나라고 명령하신다. 당시 갈대아 우르는 어떤 곳이었는가? 메소포타미아 문명의 중심지로 최고의 문명을 자랑하던 서울 중의 중심부다. 모두들 그 갈대아 우르를 동경했다. 그곳에서 아브라함은 부모와 일가와 친척들과 함께 살고 있었다. 생활도 넉넉했다. 때문에 그곳을 떠날 이유가 전혀 없었다. 그런데 그 고향을 떠나라고 명령하신다. 왜 이런 명령을 하셨을까? 우리는 지금 '믿음'을 추적하고 있다. 믿음이란 도대체 무엇인가? 하나님이 기뻐하시는 믿음이란 어떤 것인가? 아벨, 에녹, 노아를 통해서 믿음이란 무엇인지를 깨달은바 있다. 아벨의 경우는 양을 치는 것이 곧 믿음이었다. 에녹은 자녀를 낳는 것이 곧 믿음이었다. 노아는 방주를 짓는 것이 곧 믿음이었다.

그러면 아브라함의 믿음은 도대체 어떤 것인가? 왜 모두들 아브라함, 아브라함 하는가? 왜 아브라함을 믿음의 조상이라고 부르는가? 왜 아브라함을 보면 '믿음'이 보인다고까지 말하는가? 그의 어떤 모습과 행동이 '믿음'이란 말인가? 아브라함의 믿음은 고향과 깊은 관계가 있다. 아니, 고향을 떠나라는 명령과 깊은 관계가 있다. 이 명령 앞에 아브라함은 어떤 태도를 취하는가?

"믿음으로 아브라함은 부르심을 받았을 때에 순종하여 장래의 유업으로 받을 땅에 나아갈새 갈 바를 알지 못하고 나아갔으며"(히 11:8).

히브리서 기자는 아브라함이 이 명령 앞에 순종했으며, 갈 바를 알지 못하고 나아갔다고 말한다. 정말 그랬는가? 정말 그가 순종하여 '예' 하고 고향을 떠났는가? 떠나되 진정 갈 바를 알지 못하면서 떠났는가?

"데라가 그 아들 아브람과 하란의 아들인 그의 손자 롯과 그의 며느리 아브람의 아내 사래를 데리고 갈대아인의 우르를 떠나 가나안 땅으로 가고자 하더니 하란에 이르러 거기 거류하였으며"(창 11:31).

창세기 기자는 아브라함이 고향 갈대아 우르를 떠나긴 했지만 아버지의 뒤를 쫓아갔으며, 롯과 함께했다고 밝힌다. 하나님은 분명히 본토, 친척, 아비 집을 떠나라고 하셨다. 그런데 아브라함은 아비 집을, 친척을 떠나지 못했다. 또 하나, 그는 목적지 '가나안'을 알고 떠났다고 말한다. 하나님은 목적지 가나안을 알려 주셨다. 그런데 가나안으로 가지 않고, 유브라데 강 유역을 따라 북쪽 하란으로 올라갔다. 그리고 그곳에 정착한 후, 그곳을 자신의 고향으로 생각할 정도로 오랫동안 부모와 함께 그곳에 머물렀다(창 24:4). 한 마디로 그는 고향을 온전히 떠나지 못했다. 말씀에 순종하지 못했다. 이것은 무엇을 시사(示

唆)하는가? 그가 '육적 고향'을 떠나는 것이 결코 쉽지 않았다는 것을 시사한다. 이런 아브라함에게 하나님께서 두 번째 나타나 명령하신다. "너는 너의 고향과 친척과 아버지의 집을 떠나 내가 네게 보여 줄 땅으로 가라"(창 12:1). 이 명령 앞에 그는 마지못해 그곳 고향과 아비 집을 떠난다. 그리고 낯선 땅 가나안에 정착한다. 그래서 성경은 '아브라함이 마침내 가나안 땅에 들어갔더라'고 기록하고 있다(창 12:5). 여기 '마침내'는 '드디어, 어쩔 수 없이, 결국은'이란 뜻이다. 그만큼 육적 고향을 떠나는 것이 힘들었다는 뜻이다.

나온바 고향과 더 나은 본향

그런데 우리가 주목해야 할 부분은 그 이후의 행적이다. 그가 낯선 땅 가나안에 들어올 때가 75세였다(창 12:4). 그리고 그가 죽을 때 나이가 175세였다(창 25:7). 그러니 아브라함이 가나안 땅이라는 객지(客地)에 들어와 무려 100년 동안 생활한 셈이다. 그 과정에서 이런 저런 일들이 참 많았다. 창세기 11장부터 25장까지 그의 생애가 소개되고 있다. 흉년을 피해 애굽으로도 내려갔고(창 12:10), 자기 아내를 누이라고 거짓말시키기도 했다(창 12:13). 하나님의 약속을 기다리지 못하고 여종과 동침하여 아이를 낳기도 했다(창 16:15). 그야말로 약점투성이다. 그런데 한 가지 그에게서 도전받는 것이 있다. 그것은 그 100년 동안 단

한 번도 그의 육적인 고향을 다시 찾은 흔적이 없다는 사실이다. 그곳에는 아버지 데라가 생존해 있었다(창 11:26). 형제와 친척들이 그곳에 살고 있었다. 그런데 이상하게 그는 그곳을 찾지 않는다. 단 한 번도 말이다. 그가 고향을 떠나는 것은 참 어려웠다. 그러나 한 번 떠난 뒤로, 다시는 육적인 고향에 연연(戀戀)해하지 않는다.

성경은 이것을 믿음이라고 말한다. 믿음이란 무엇인가? 그것은 고향을 떠나는 것이다. 육적 고향을 떠나 영원한 본향을 사모하는 것이다. 믿음의 사람이란 '나온바 본향'을 떠나 '더 나은 본향'을 향해 나아가는 외국인과 나그네들이다(히 11:13). 믿음의 사람이란 본향(本鄕)을 찾는 자들이다.

"그들이 나온바 본향을 생각하였더라면 돌아갈 기회가 있었으려니와"(히 11:15).

아브라함을 염두에 두고 하는 말이다. 그가 '나온바 본향', 즉 하란에 가려고 했더라면 얼마든지 갈 수 있는 기회가 있었다는 것이다. 하지만 그는 더 이상 하란을 찾지 않는다. 그 이유를 성경은 그가 '더 나은 본향'을 사모했기 때문이었다고 말한다(히 11:16). "이는 그가 하나님이 계획하시고 지으실 터가 있는 성을 바랐음이라"(히 11:10).

그는 가나안을 이제 자신의 고향으로 생각한다. 그래서 그곳의 막벨라 굴을 산다(창 23:20). 그곳에 자기의 사랑하는 아내를 묻고 자신도 묻혔다. 물론 그의 아들인 이삭, 자부(子婦) 리브가, 손자 야곱, 증손자 요셉도 그 가나안 땅 막벨라 굴에 묻혔다. 아브라함의 후예들은 한결같이 육적인 고향 저 갈대아 우르, 혹은 저 북쪽 하란을 고향으로 생각하지 않았다. 하나님이 그들에게 주신 새로운 고향 가나안을 그들의 영원한 본향으로 생각했다.

성경을 보라. 믿음의 사람, 축복의 사람들은 한결같이 육적 고향을 떠난 사람들이었다. 모세, 야곱, 요셉, 사무엘, 다니엘, 에스겔, 룻, 베드로를 위시(爲始)한 열두 제자가 그러했다. 이들은 육적인 고향에 연연해하지 않았다. 육적인 부모의 치맛자락에 싸여 있지 않았다. 저들은 본의든 본의가 아니든 고향을 떠났고, 부모의 품을 떠났다. 그리고 축복의 주인공이 되었다.

인생은 본향으로의 U턴

일전에 『살아온 기적, 살아갈 기적』(샘터사, 2009)이라는 장영희 에세이집을 읽었다. 장 교수는 1952년생으로 책이 출간된 같은 해 5월 9일 소천했다. 이 책은 5월 4일 초판 인쇄되어 15일 출간됐다. 유작(遺作)인 셈이다. 1급 장애인이면서 너무 밝고, 깨끗한 심성의 소유자이기에 평소 그의 책은 빠짐없이 읽어왔었는데, 유작이어서인지 더욱 애착이 갔다. 제목이 너무 마음에 와 닿았다. 그렇다. 살아온 것도 기적이며,

살아갈 것은 더 큰 기적이 필요하다. 하나님의 은혜가 필요하다는 말이다. 우리는 누구를 의지해야 하며 어디를 향해 나아가야 하는가?

그의 글에 이런 내용이 있다.

"살아보니 인생은 U턴이야. 이것저것 원하는 것을 좇아 미친 듯 여기저기 떠돌아 살다가도 결국 돌아오고 싶은 곳은 내가 떠난 그 고향이거든. 홀로된 어머님은 시장 한구석에 가마솥을 걸어놓고 국수를 팔아 생계를 이어가셨지. 그나마 팔다 남은 국수도 귀해서 마음껏 먹을 수 없었어. 헌데 이 세상에 온갖 좋고 비싸다는 음식을 다 먹어 보아도, 그때 그 국수 맛은 잊을 수가 없어. 난 정말이지 죽기 전에 고향으로 돌아가 어머니가 파시던 국수 한 그릇 다시 먹어 보는 것이 소원이야."

'인생은 고향으로의 U턴'이라는 말이 무척 인상 깊었다. CCC(한국대학생선교회) 총재로서 큰 족적을 남기셨던 김준곤 목사님께서 소천하셨다. 빈소를 찾아 위로예배를 드렸다. 그 영정을 보면서 많은 생각을 했다. "정말 나그네 길을 잘 달리셨군요. 목사님처럼 달려가는 자 되게 해주십시오"라고 기도했다.

"이는 만물이 주에게서 나오고 주로 말미암고 주에게로 돌아감이라 그에게 영광이 세세에 있을지어다 아멘"(롬 11:36).

가나안은 오늘 우리에게 무엇을 상징하는가? 하나님이 예비해 놓으신 한 성이 어디인가?

"너희는 마음에 근심하지 말라 하나님을 믿으니 또 나를 믿으라 내 아버지 집에 거할 곳이 많도다 그렇지 않으면 너희에게 일렀으리라 내가 너희를 위하여 거처를 예비하러 가노니 가서 너희를 위하여 거처를 예비하면 내가 다시 와서 너희를 내게로 영접하여 나 있는 곳에 너희도 있게 하리라"(요 14:1-3).

믿음이란 '나온바 본향'을 떠나 '더 나은 본향'을 향해 가는 것이다. 명절이면 고향으로 가는 차들로 도로가 꽉 찬다. 그러나 반대 차선은 어떠한가? 한적하기 그지없다. 그래도 그리로 가는 차들은 적다.

"좁은 문으로 들어가라 멸망으로 인도하는 문은 크고 그 길이 넓어 그리로 들어가는 자가 많고 생명으로 인도하는 문은 좁고 길이 협착하여 찾는 자가 적음이라"(마 7:13-14).

하나님이 요구하시는 믿음이란 대단한 것이 아니다. '나온바 고향'을 떠나 '더 나은 본향'을 향하여 나아가기만 하면, 하나님께서 우리를 믿음의 사람으로 인(印)쳐 주실 것이다. 하나님은 우리가 '더 나은 본향'을 사모하면서 살기를 원하신다. 그곳에 보물 쌓아두기를 즐겨

하며, 그곳을 향하여 나아가기를 소원하신다. 이것이 올바른 믿음이다. 왜냐하면 바로 그곳이 우리의 본향이기 때문이다. 육적인 고향, 갈대아 우르, 혹은 하란을 떠나는 용기가 필요하다. 그리고 하나님이 우리에게 주신 영적인 고향, 가나안을 더욱 사모하는 사람들이 되어야 한다. 그렇다고 해서 고향을 버려라, 고향에는 가지 마라, 부모도 버려라, 정을 끊으라는 뜻이 아니다. 육적인 고향을 생각할 때에 가지는 그 애틋함과 그리움보다 영적인 고향인 천국을 더 사모하는 자들이 되어야 한다는 말이다.

 명절에 고향에 가기 위해서 치르는 희생이 얼마나 많은가? 어떤 사람은 새벽에 일어난다. 어떤 사람은 밤중에 잠을 자지도 않고 가족들을 재촉하여 떠난다. 교통체증(交通滯症)으로 열 시간 이상 걸려도 싱글벙글한다. 제일 좋은 옷을 입는다. 선물을 이것저것 정성스럽게 마련한다. 고향 사람들에게 잘 보이려고 제법 돈도 아낌없이 쓴다. 고향에 가려고 하니 가슴이 두근두근 한다. 잔잔한 흥분까지 느낀다. 바로 이와 같은 열정과 사랑으로 저 영원한 본향을 사모하면서 신앙생활을 해야 한다는 것이다. 이런 열정과 열심, 그리고 정성을 가지는 우리 모두가 될 수 있기를 바란다.

점검 CHECK

내 아파트, 내 차, 내 지위, 내 자식… 세상 고향이 그리 좋은가?
하나님께서 어느 날 모든 것을 내려놓으라고 한다면 어떻게 하겠는가?

 수정 CHANGE

오늘 우리가 머물 곳을 하나님께 물으라. 대치동도, 청담동도 가나안만 못하다.
믿음은 '더 나은 본향'을 향해 가는 것이다. 하나님의 요구에 "예"라고 대답하라.

 주의 CAUTION

세상을 등지란 말이 아니다. 단, 세상을 지나치게 사랑하면 하나님의 질투를 살 수 있다.

5장

웃음 뒤에 숨어서 오는 기적

(히 11:11-12)

표현되어야 안다

누구든지 나름의 멘토(mentor)가 있다. 나 역시 존경하고 따르고 싶은 멘토 몇 분이 계시다. 그 중 한 분은 권사님이시다. '크리스천이라면 저런 모습으로 살아야 하지 않을까, 저게 바로 빛과 소금의 모습이야!'라고 생각하면서 만나 뵐 때마다 큰 도전을 받는다. 그런데 안타깝게도 3년 전 폐암 판정을 받았고, 급히 수술을 하지 않을 수 없었다. 새벽기도를 마치자마자 병원으로 달려갔다. 남편과 함께 초조한 모습으로 기다리고 계셨다. 표정은 무척이나 긴장되어 있었고, 병실 분위기는 침울했다. 간절한 맘으로 예배를 드리고 돌아왔다. 수술이 무사히 잘 끝났다. 하지만 그 뒤에 다시 한 번 수술대 위에 누워야만 했었다. 암 수술 후 치료 과정을 잘 알고 있지 않은가!

오랜만에 그분을 만나기 위해 병원으로 갔다. 가면서 '무슨 말로 위로를 해드릴까?' 고민했다. 그런데 만나자마자 내 얼굴 표정을 살피며 오히려 내 건강을 염려했다. 그리고선, 지난 3년 동안 어떻게 달려왔는지를 말씀하셨다. 새벽이면 빠짐없이 규칙적으로 새벽기도에 나가신다. 그리고 이어서 헬스클럽에 가서 스트레칭을 1시간 정도 하신단다. 병원에서 가르쳐 준 방법, 책을 통해 익힌 방법으로 혼자서 열심히 하다 보니 함께하고 싶다는 할머니들이 18명이나 생겨, 본의 아니게 지금은 스트레칭 선생님이 되셨단다. 이 스트레칭 시간에 서로 격려하면서, 특히 웃는 시간을 많이 가진단다. 그러면서 갑자기 일어서

시더니, 나를 벽에 붙여 세워놓고선 기본적인 스트레칭을 가르쳐 주시는 것이 아닌가! 다음과 같은 노래까지 가르쳐 주셨다.

"하하하 웃으면 심장에 좋고요, 호호호 웃으면 내장에 좋아요, 후후후 웃으면 단전에 좋아요. 히히히 웃으면 치매가 예방되고요…"

내가 잘 따라서 하지 못하니까 몇 번이나 반복해서 가르쳐 주었다. 그 웃는 모습이 얼마나 환하고 천사와 같은지, 칠십이 다 된 분이시지만 천진난만한 어린아이 같았다. 그의 얼굴에서 그 어떤 근심이나 염려, 폐암으로 투병하고 있는 것에 대한 불안, 두려움은 찾아볼 수 없었다. 무엇보다 그 권사님의 환한 웃음 속에서 대단히 중요한 진리 한 가지를 발견했다.

그것이 무엇인지 궁금한가? 지금 우리는 믿음에 대해 계속 진지하게 생각하고 있다. 기독교에서 가장 중요하게 생각하는 '믿음'이란 과연 어떤 것일까? 성경에서는 믿음이 어떤 형태로든 표현되어져야 한다는 사실을 강조한다. 당신이 가지고 있는 믿음이 진정한 믿음, 하나님이 기뻐하시는 믿음이 되기 위해서는 표현되어져야 한다고 말씀한다.

"사람이 마음으로 믿어 의에 이르고 입으로 시인하여 구원에 이르느니라"(롬 10:10).

"너희의 믿음의 역사와 사랑의 수고와 우리 주 예수 그리스도에 대한 소망의 인내를 우리 하나님 아버지 앞에서 끊임없이 기억함이니"(살전 1:3).

"내 형제들아 만일 사람이 믿음이 있노라 하고 행함이 없으면 무슨 유익이 있으리요 그 믿음이 능히 자기를 구원하겠느냐"(약 2:14).

"이와 같이 행함이 없는 믿음은 그 자체가 죽은 것이라 어떤 사람은 말하기를 너는 믿음이 있고 나는 행함이 있으니 행함이 없는 네 믿음을 내게 보이라 나는 행함으로 내 믿음을 네게 보이리라 하라"(약 2:17-18).

때문에 아벨은 양치는 것으로, 에녹은 자녀 낳는 것으로, 노아는 방주 짓는 것으로, 아브라함은 고향을 떠나는 것으로 표현되었다. 이 믿음의 반열(班列)에 여성 최초 주자로 사라가 등장한다. 사라는 어떤 믿음의 소유자였는가? 그의 믿음은 어떻게 표현되어 나타났는가? 어떻게 해서 아이까지 낳게 되었는가?

출생의 비밀, 고달픈 인생

사라는 127세까지 살았다(창 23:1). 그가 그 긴 일생을 사는 동안 헤아릴 수 없이 많은 일들을 경험했을 것이다. 그런데 그 많은 일들 가운데 믿음과 관련해서는 단 한 가지 사건만 소개한다. 그것이 무엇인가?

"믿음으로 사라 자신도 나이가 많아 단산하였으나 잉태할 수 있는 힘을 얻었으니 이는 약속하신 이를 미쁘신 줄 알았음이라"(히 11:11).

아이를 낳는 사건이다. 사라는 아이를 낳지 못했다. 그런 그가 아이를 낳았다. 이 사건을 믿음과 결부시키고 있다. 이 사건을 통해서 참된 믿음, 기적이 나타나는 믿음이 어떤 것인지를 설명하고 있다. 그런데 우리가 이 본문에서 특별히 유의해야 할 문맥이 있다. 그것은 '잉태할 수 있는 힘을 얻었다'는 부분이다. 잉태할 수 없었던 그녀가 잉태할 수 있는 힘을 얻었다. 그래서 아이를 낳았다. 이 말씀이 도대체 무엇을 의미하는가? 중요한 것은 '잉태할 수 있는 힘을 얻었다'고 했다. 물론 그 힘은 하나님으로부터 공급받았을 것이다. 문제는 잉태할 수 있는 힘을 어떻게 공급받았는가 하는 것이다. 힘이 공급되는 과정에서 매개체는 무엇이었는가? 이런 의문을 가지고, 사건의 현장으로 가보자.

창세기 18장이다. 여기에 보면, 아브라함이 부지중에 천사를 접대하는 현장이 소개되고 있다(히 13:2). 이 접대 과정을 유심히 살펴보라. 아브라함은 지금 무척이나 분주하다. "달려나가 영접하며, 몸을 땅에 굽혀"(창 18:2) "급히 장막으로 가서"(창 18:6), "달려가서"(창 18:7), "그가 급히 요리한지라"(창 18:7). 그런데 그 과정에서 도무지 바쁘지 않은 사람이 있다. 아니 얼굴조차도 내비치지 않는 사람이 있다. 누구인가? 바로 사라다. "네 아내 사라가 어디 있느냐"(창 18:9)고 불러도 나타나지 않는다. 그런 그녀가 지금 어디에 있는가? 장막 안에 있다. 그 장막 안에서 몸을 숨긴 채 문에 귀를 대고 바깥 동정을 살피고 있다. 귀를 쫑긋 세워 남들이 주고받는 대화를 엿듣고 있다(창 18:10). 무척이나 소심하고, 소극적인 모습이다. 남들 앞에 드러나기를 극히 꺼리며 주저한다. 어깨가 축 늘어진 모습이다.

유심히 그녀의 얼굴 표정을 살펴보라. 무척이나 어둡다. 웃음조차도 소리 내어 웃지 않는다. '쓴 웃음, 비웃음'이 그녀의 얼굴 표면을 장식하고 있다. 비관과 자포자기, 허탈감으로 가득한 모습이다. 왜 이런 모습을 하고 있을까? 도대체 그 이유가 무엇인가? 그 이유를 알기 위해서는 그녀의 개인적인 사연(history)을 추적해 보아야 한다. 사라, 그녀는 어떤 개인적인 사연을 가지고 있었는가? 우선, 그의 부모는 누구일까?

첫째, 사라의 아버지가 데라였다는 견해가 있다. 그 근거는 '아브라함의 이복누이였다'(창 20:12)는 언급 때문이다. 이복누이라면 아브라함과 아버지가 같고, 어머니가 다른 그런 관계를 말한다. 아브라함이 친 혈육과 결혼했다는 말이다. 그러나 데라의 사적을 아무리 살펴보아도 재혼한 흔적이 없고, 사라를 낳은 흔적이 없다는 점이 풀어야 할 숙제다.

둘째, 사라의 아버지는 하란이었다는 견해다(창 11:29).

"아브람과 나홀이 장가 들었으니 아브람의 아내의 이름은 사래며 나홀의 아내의 이름은 밀가니 하란의 딸이요 하란은 밀가의 아버지이며 또 이스가의 아버지더라"(창 11:29).

문맥상, 사래와 밀가가 하란의 딸이라고 볼 수 있다. 그렇다면 사래는 아브람의 조카가 된다. 나는 이 견해에 더 무게중심을 두고 싶다. 이유는 '사라'란 여인이 성경에서 차지하는 비중이 대단히 큼에도 불구하고 별로 중요치 않은 '밀가'의 아버지는 밝히면서 '사라'의 부모를 밝히지 않을 리가 없기 때문이다. 또 '이복누이'라고 했지만 당시는 촌수에 대해 칼로 자르듯이 분명하지 않던 시절이다. 그러므로 조카도 '이복누이'라고 부를 수 있다고 생각한다.

굳이 이 부분을 짚고 넘어가는 이유가 있다. 그것은 사라가 아브라함의 이복누이였든지, 조카였든지 간에 대단히 힘든 성장기를 보냈다는 점이다. 만일 그가 이복누이였다면 성장기에 받는 서러움이 적지 않았을 것이다. 이삭과 이복형제였던 이스마엘이 얼마나 서러움을 많이 당하며 어린 시절을 보내었던가(창 21:14-17).

만일 그가 하란의 딸이었다면 더욱 그러하다.

"하란은 그 아비 데라보다 먼저 고향 갈대아인의 우르에서 죽었더라"(창 11:28).

루터나 칼뱅은 본문을 놓고, 하란의 아버지 데라가 살아 있는 동안에 아마 데라의 눈앞에서 요절했을 것이라고 본다(Keil, Lange). 아들이 아버지 앞에서 죽은 첫 케이스(case)다. 그래서인지 '하란의 무덤'이라는 것이 요세푸스 시대까지 있었다고 한다(Jose, Ant. i 151). 그의 아들 롯이 아브람을 떠나 가나안으로 가게 된 중요한 이유 중의 하나가 아버지가 일찍 돌아가셨기 때문이었을 것으로 본다.

사라가 이복형제로 자랐든지, 아니면 어린 나이에 고아로 자랐든지, 어떻든 그녀가 얼마나 힘든 성장기를 보내었을지 짐작하고도 남는다. 그런데 결혼 후에는 더욱 일들이 풀리지 않고, 고달픈 생이 기다리고 있었다. 결혼 후 그녀는 남편을 따라 갈대아 우르 고향을 떠나 먼 곳으로 이주해야만 했다. 그때 일행 중 여인은 사래 혼자였다(창 11:31). 뿐만 아니라 남편을 따라 가나안으로 들어와 살 때에 흉년을 만나 애굽으로 내려간 적이 있었다. 그 과정에서 남편이 자신을 보호해 주기는커녕 자기 한 목숨 지킨다고 거짓말을 시켜 바로의 궁궐로 가 외간 남자의 품에 안겨야만 했다(창 12:15). 이런 일이 한 번이 아니라 두 번이나 있었다(창 20:2).

장탄식이 박장대소가 되다

그러나 이 모든 것보다도 더욱 그녀를 힘들게 했던 것이 있었으니 그것은 그렇게도 기다리는 아이가 생기지 않는 것이었다. 오죽했으면 자신의 몸종을 남편의 침실에까지 밀어 넣어 그 몸종을 통해 아이를 갖고자 했을까(창 16:4). 모르긴 하지만 남편이 불임이 아닐까 의심했는지도 모른다. 그런데 그 몸종은 하룻밤 남편과 잠자리를 같이 하더니 덜컹 임신을 하고 달덩이 같은 아들을 낳았다. 그러더니 주인인 자기를 멸시하기까지 했다(창 16:4). 그러니 얼마나 속상하고, 기죽고 의기소침했겠는가? 죽고 싶은 심정이었을 것이다. 자신감도, 웃음도 사라졌다. 의욕이 상실되고 사람들을 피하면서 자신도 모르게 뒤로 물러나 숨게 되었다. 누가 무슨 이야기를 하면, '혹시나 나를 흉보는 것이 아닐까' 하고선 귀를 쫑긋하게 되는 습관이 생겨버렸다.

아브라함이 86세 때에 이스마엘을 낳았다(창 16:16). 그러니 무려 14년 동안 한 집안에서 힘든 나날을 보내었다. 그러다 보니 자기도 모르게 이렇게 소심한 사람으로 바뀌어 버린 것이다. 웃어 본 기억이 아득하다. 속으로만 피식 웃는다. 체념, 비관의 표현, 아니 그것은 더 이상 웃음이 아니었다. 이런 사라의 모습이 가장 적나라하게 표출되고 있는 말씀이 창세기 18장 12절이다.

"사라가 속으로 웃고 이르되 내가 노쇠하였고 내 주인도 늙었으니 내게 무슨 즐거움이 있으리요"(창 18:12).

사라만 그런 게 아니었다. 아브라함도 마찬가지였다.

"아브라함이 엎드려 웃으며 마음속으로 이르되 백 세 된 사람이 어찌 자식을 낳을까 사라는 구십 세니 어찌 출산하리요 하고"(창 17:17).

'속으로 피식 웃고', '엎드려 웃고' 이게 웃음인가? 아니다. 이것은 웃음이 아니다. 비웃음, 코웃음이다. 비아냥대며 조롱하는 웃음이다. 아니 탄식이다. 허탈이다. 자괴감이요, 장탄식(長歎息)이다. 굳이 웃음이라고 표현한다면 '불신앙의 웃음'이다. 이런 사라를 찾아오신 분이 계시다. 하나님이시다. 그 하나님이 사라를 치료하기 시작하신다. 중요한 것은 무엇을 치료하시는가이다. 그녀 몸의 연약함, 즉 불임을 치료하시는가? 아니다. 그러면 과연 무엇을 치료하셨는가?

"여호와께서 아브라함에게 이르시되 사라가 왜 웃으며 이르기를 내가 늙었거늘 어떻게 아들을 낳으리요 하느냐"(창 18:13).
"사라가 두려워서 부인하여 이르되 내가 웃지 아니하였나이다 이르시되 아니라 네가 웃었느니라"(창 18:15).

하나님은 사라의 웃음을 놓고 예리한 칼을 들이대신다. 마치 수술을 집도하는 의사가 환자에게 메스(mes)를 들이대시는 것 같다. 사라의 환부가 무엇이었던가? 불임이었다. 하지만 하나님은 불임이 아닌 웃음에 메스를 가하신다. 웃지 못하는 마음, 웃음을 제대로 표현 못하는 근육에 메스를 들이대신다. 그러나 사라는 자신이 환자가 아니라고 우긴다. 잘 웃고 있다고 말한다. 그러나 하나님은 "그게 아니야, 진정한 웃음은 그게 아니야!" 하시며 그녀의 웃음을 치료하신다. 드디어 사라가 제대로 웃기 시작한다.

> "사라가 이르되 하나님이 나를 웃게 하시니 듣는 자가 다 나와 함께 웃으리로다 또 이르되 사라가 자식들을 젖먹이겠다고 누가 아브라함에게 말하였으리요마는 아브라함의 노경에 내가 아들을 낳았도다 하니라"(창 21:6-7).

이 웃음이야말로 진짜 웃음이다. 창세기 18장의 웃음과는 근본적으로 색깔이 다르다. 그야말로 '하하하, 호호호, 후후후' 웃음이다. 호탕한 웃음이요, 입이 찢어지도록 벌어진 웃음이다. 장막 뒤에 몸을 숨기고, 다른 사람들이 자신에 대해서 무엇이라고 말하는지, 귀를 기울이는 그런 자의 입에서 나오는 소심한 웃음이 아니다. 많은 사람들 앞에서 전혀 개의치 않고 보란 듯이 가슴을 풀어 제치고 아이에게 '젖을 먹이면서'(창 21:7) 웃는 박장대소(拍掌大笑)의 웃음이다.

웃는 자의 인생은 아름답다

결론이다. 다시 본문으로 돌아오자.

> "믿음으로 사라 자신도 나이가 많아 단산하였으나 잉태할 수 있는 힘을 얻었으니 이는 약속하신 이를 미쁘신 줄 알았음이라"(히 11:11).

여기 '잉태할 수 있는 힘을 얻었다'고 했다. 이 힘을 누구로부터 얻었을까? 하나님이시다. 그래서 그가 그렇게 나이 많은 상태에서 아이를 낳을 수 있었다. 그런데 이 히브리서 11장 11절을 창세기 21장 6절과 비교해야 한다.

> "사라가 이르되 하나님이 나를 웃게 하시니 듣는 자가 다 나와 함께 웃으리로다"(창 21:6).

잘 보라. 사라가 하는 말이다. 사라가 지금 자신이 노경(老境)에 낳은 아이를 가슴에 안고 하는 말이다. 그렇다면 그녀는 이렇게 말해야 한다. "사라가 이르되 하나님이 나로 아이를 낳게 하시니 듣는 자가 다 나와 함께 웃으리로다." 그런데 '아이를 낳게 하시니'가 아니고 '웃게 하시니'다. 왜 이렇게 말했을까? 여기에 깊은 뜻이 있다. 하나님이 사라의 잉태치 못함을 치료하시지 않았다. 하나님은 그녀의 웃음을 먼저 치료하셨다. 비웃음, 허탈한 웃음, 속으로만 웃는 웃음을 치료하시니, 그녀의 잉태치 못하는 육적인 부분까지 자연적으로 치료되었다. 아멘인가?

믿음은 웃음으로 표현된다. 믿는 사람은 웃는다. 믿음은 그 얼굴에 나타난다. 어떤 상황 속에서도 표현된다. 스데반 집사는 날아오는 돌덩어리 앞에서도 웃음을 잃지 않았다(행 6:15). 모세가 40일 동안 음식을 먹지 못했으나 그 얼굴은 하늘의 광채와 같이 빛을 발했다(출 34:30). 변화산 위에서, 예수님은 십자가를 앞에 놓고 계셨으나 그 얼굴이 해같이 빛나며 옷까지 희어졌다(마 17:2).

왜 그런가? 믿음이 있기 때문이다. 그냥 웃는 것도 약간의 유익이 있다. 그러나 믿음에서 출발한 웃음은 범사에 유익하다(딤전 4:8). 하나님은 모든 일을 합력하여 유익하게 하시는 분이시다. 이 풍랑으로 말미암아 더 복된 '소원의 항구'로 나는 나아갈 것이다. 지금의 이 고난은 오히려 나를 더 연단시켜, 금으로 변하게 하는 역사의 시발점이 될 것이다. 우리가 염려한들 '머리털 한 터럭도 희고 검게'할 수 없지 않은가(마 5:36).

믿음을 회복하는 것은 웃음을 되찾는 것이다. 웃음이 회복되면 믿음이 점점 자란다. 그 믿음은 내 삶의 현장에서 놀라운 역사를 일으킬 것이다. 이 시간 자신을 돌아보며, 다시 한 번 믿음을 점검해 보길 바란다. 믿음은 웃음이다. 웃음을 보면 믿음이 보인다.

지난 여름 여행을 하는 중이었다. 5시간 가까이 버스를 타고 이동해야만 했기 때문인지, 가이드는 영화를 하나 틀어 주었다. 〈인생은 아름다워〉라는 영화였다. 감독 겸 배우인 로베르토 베니니(Roberto Benigni), 그는 영화의 후반부에서 이탈리아를 점령한 독일군이 유대인을 잡아들이는 잔혹하고도 참혹한 장면을 섬뜩하게 보여 준다. 하지만 베니니의 화법은 뜻밖에 '웃음'이다. 주인공 귀도와 아들 조슈아, 저들이 그 지옥과 같은 상황을 극복해 나가는 것도 웃음의 힘이었다. 마지막, 텅 빈 수용소 광장, 독일군이 패전하여 물러가고 미군 탱크를 맞닥뜨린 그 현장에 서 있는 어린 조슈아의 눈을 통해 관객들은 이런 메시지를 읽지 않았을까. '웃음은 인간을 위기에서 구해낸다. 웃음은 같은 사물이라도 다른 면을 생각해 보도록 인도하는 위력을 가지고 있다. 웃음은 끝이 없을 것 같은 어둠 속에서 우리를 끝까지 존재하도록 이끌어 주는 위력을 가지고 있다. 웃음을 가진 자 만이, 그 인생이 아름답다.'

믿음의 사람은 자주 거울을 보아야 한다. 자신의 얼굴을 확인해야 한다. 내 얼굴에 믿음이 묻어나고 있는지 살펴야 한다. 믿음은 웃음으로 표현된다. 하나님이 인정하는 믿음은 웃음으로 표현된다. 믿음은 웃는 것이다. 사라가 이 웃음을 되찾았을 때, 아이를 낳을 수 있었다. 기적을 맛보았다. 왜냐하면 웃음이 곧 믿음이기 때문이다. 믿음을 되찾기 원하는가? 차가워진 믿음을 회복하기 원하는가? 웃으라. 또 웃으라. 하나님을 생각하며 웃으라. 이것이 믿음 회복의 첫 단추다. 한 번 같이 노래해 보자.

"하하하 웃으면 심장에 좋고요, 호호호 웃으면 내장에 좋고요, 후후후 웃으면 단전에 좋아요. 히히히 웃으면 치매를 예방하고요…"

"누가 지혜자와 같으며 누가 사물의 이치를 아는 자이냐 사람의 지혜는 그의 얼굴에 광채가 나게 하나니 그의 얼굴의 사나운 것이 변하느니라"(전 8:1).

점검 CHECK

거울을 보라. 비웃음, 코웃음, 허탈과 자괴감의 장탄식이 나오는가?
좋은 일이 생겨서 웃는가, 아니면 웃어서 좋은 일이 오는가?

 수정 CHANGE

얼굴에 믿음이 묻어나는지 거울을 자주 보라. 그리고 억지로라도 웃음을 찾아와라.
믿음은 웃음이다. 기적은 웃음 뒤로 숨어서 와서 사람을 놀랜다.

 주의 CAUTION

만약 그대가 좋은 일이 있을 때만 웃는다면 일생에 몇 번 웃지 못 할 것이다.

6장

올인도 두렵지 않다

(히 11:17-20)

자식을 걸다

지금 우리는 기독교 신앙의 핵심인 '믿음'이 무엇인지 진지하게 생각하고 있다. 믿음은 무엇보다 입술에서 손발로 진행되어져야 한다(마 7:21; 약 2:14). 행동으로 이어져야 한다. 사용해야 한다. 움직임이 없는 믿음, 사용되지 않는 믿음은 온전한 믿음이라고 할 수 없다. 때문에 믿음장인 히브리서 11장에는 3절부터 12절까지 양을 치는 아벨, 자녀를 낳는 에녹, 방주를 짓는 노아, 고향을 떠나는 아브라함, 웃는 사라를 차례로 언급해 왔다. 그리고 13절부터 16절까지는 이 다섯 사람에 대한 소결론을 이렇게 내린다.

> "이 사람들은 다 믿음을 따라 죽었으며 약속을 받지 못하였으되 그것들을 멀리서 보고 환영하며 또 땅에서는 외국인과 나그네임을 증언하였으니 그들이 이같이 말하는 것은 자기들이 본향 찾는 자임을 나타냄이라 그들이 나온 바 본향을 생각하였더라면 돌아갈 기회가 있었으려니와 그들이 이제는 더 나은 본향을 사모하니 곧 하늘에 있는 것이라 이러므로 하나님이 그들의 하나님이라 일컬음 받으심을 부끄러워하지 아니하시고 그들을 위하여 한 성을 예비하셨느니라"(히 11:13-16).

그런데 이어지는 17절에서 우리는 고개를 갸우뚱하지 않을 수 없다. 그것은 앞에서 이미 언급했던 아브라함을 다시 언급하고 있기 때문이다. 아브라함에 관해서는 8절 이하에 이미 소개했었다. 아벨이 얼마나 살았는지 모른다. 하지만 에녹은 365세를, 노아는 무려 950세를 살았다. 그 긴 세월 동안 그들에게는 얼마나 많은 일들이 있었겠는가. 하지만 히브리서 기자는 저들의 전 생애 가운데 가장 중요한 한 사건만 선정하여 간단히 한두 절로 처리해 버린다. 이들에 비해 아브라함은 175세밖에 살지 않았다. 그럼에도 불구하고 저들에 비해 비교적 길게 믿음을 언급했다. 그리고서 결론까지 이미 내렸다. 그런데 17절에 와서 생뚱맞게 다시 아브라함을 언급한다. 무척이나 특이한 경우다. 왜 이미 언급했던 아브라함을 다시 언급하는 것일까? 바로 여기에 우리가 놓치지 말아야 할 중요한 그 무엇이 있는 것은 아닐까!

　이런 의문을 가지고 히브리서 11장 17절부터 19절까지를 다시 보자. 아브라함이 믿음으로 자식을 드렸다는 내용이다. 외아들 이삭을 하나님께 드린 아브라함의 믿음을 대단한 것으로 소개하고 있다. 정말 대단하다. 그래서 성경은 '믿음으로 이삭을 드렸다', '그 외아들을 드렸다', 그는 '하나님이 능히 죽은 자 가운데서 (아들을) 살리실 줄로 생각했다'고 하며 그의 믿음을 칭송한다. 정말 그렇다. 100세에 얻은 아들을 아낌없이 드리는 아브라함의 믿음은 절대 과소평가할 수 없다. 누가 그의 믿음을 따라갈 수 있단 말인가!

　그런데 문제는 왜 10절에 이어서 기록해야 할 사건을 17절에 와서 새삼스럽게 다시 언급하는 것일까? 정말 아브라함의 믿음을 논하고 있는 것일까? 이 사건은 누구에게 초점을 맞추어야 한단 말인가? 과연 누구의 믿음에 대해서 논하고 있단 말인가? 우리 함께 모리아 산 그 현장으로 올라가 보자.

아버지에게 걷다

"그 일 후에 하나님이 아브라함을 시험하시려고 그를 부르시되 아브라함아 하시니 그가 이르되 내가 여기 있나이다 여호와께서 이르시되 네 아들 네 사랑하는 독자 이삭을 데리고 모리아 땅으로 가서 내가 네게 일러 준 한 산 거기서 그를 번제로 드리라 아브라함이 아침에 일찍이 일어나 나귀에 안장을 지우고 두 종과 그의 아들 이삭을 데리고 번제에 쓸 나무를 쪼개어 가지고 떠나 하나님이 자기에게 일러 주신 곳으로 가더니"(창 22:1-3).

아브라함이 독자 외아들을 제물로 바치기 위해 모리아 산으로 향한다. '아침에 일찍이 일어나'(창 22:3), '제삼 일에'(창 22:4)란 묘사가 눈길을 끈다. 정말 비장하며, 대단한 발걸음이다. 그 과정을 좀 더 유심히 살펴볼 필요가 있다. 처음 출발할 때 일행이 어떠했는가? 나귀, 두 종, 그리고 이삭과 아브라함이다. 나귀와 두 종은 물론 번제에 쓸 나무를 운반토록 하였을 것이다. 드디어 멀리 모리아 산이 보이는 지점에 이르렀다(창 22:4).

"이에 아브라함이 종들에게 이르되 너희는 나귀와 함께 여기서 기다리라 내가 아이와 함께 저기 가서 예배하고 우리가 너희에게로 돌아오리라 하고 아브라함이 이에 번제 나무를 가져다가 그의 아들 이삭에게 지우고 자기는 불과 칼을 손에 들고 두 사람이 동행하더니"(창 22:5-6).

여기까지는 번제에 쓸 나무들을 나귀와 두 종이 운반했다. 아브라함이 나무를 얼마나 준비했을까? 불교의 성철 스님 같은 분이 입적(入寂)했을 때, 거행되는 다비식을 본 적이 있다. 거기에 투입되는 장작이 자그마한 산을 이루었을 정도다. 모르긴 하지만 아브라함은 힘센 나귀와 건장한 두 종을 선발하여 한껏 지워갔을 것이다. 그런데 모리아 산 아래서 나귀와 두 종이 운반해 오던 나무들을 이삭에게 지고 가게 했다. 이삭 혼자서 몽땅 지고 간다? 이것은 무엇을 강조하는 것일까?

당시 이삭의 나이가 얼마였을까? 주석가 랑게(Lange)는 이때 이삭의 나이를 17세 전후로 추측한다. 이때 그의 나이가 정확히 얼마인지는 알 수 없으나, 분명한 것은 나귀와 두 머슴이 지고 오던 짐을 혼자서 다 지고 갈 정도로 힘이 있었다는 것이다. '이삭에게 지우고' 이 말은 이 사실을 강조하고 있다. 추측컨대 이삭은 그때 20세 전후 가장 힘이 왕성할 때가 아니었나 생각된다. 그렇다면 아브라함의 나이는 어느 정도였을까? 120세 전후, 이미 노령기에 접어든 늙은 노인이었다. 그 늙은 노인이 모리아 산에서 제단을 쌓고 나무를 벌여놓았다. 그리고 어떻게 했는가?

"하나님이 그에게 일러 주신 곳에 이른지라 이에 아브라함이 그곳에 제단을 쌓고 나무를 벌여 놓고 그의 아들 이삭을 결박하여 제단 나무 위에 놓고"(창 22:9).

'아브라함이 이삭을 결박하다'이게 가능한 일인가? 나이 많아 이제 힘을 제대로 쓸 수 없는 늙은 노인이 가장 혈기방장(血氣方壯)한 젊은이를 결박하여 제단 나무 위에 올려놓을 수 있었을까? 여러분에게 질문을 던져본다. 그날 모리아 산에서 아브라함이 아들을 꼼짝하지 못하도록 묶어 제단 위에 올려놓았는가? 아니면, 아들인 이삭이 스스로 묶여 제단 위에 자신을 올려놓았는가? 어느 쪽을 선택할 것인가? 만일 이삭이 반항했더라면 이 일이 가능했겠는가?

우리는 그날 모리아 산 제사의 초점을 아브라함에게 맞추어서는 안 된다. 강조컨대 그의 믿음에 관한 언급은 히브리서 11장 10절에서 이미 끝났다. 히브리서 11장 17절 이하에서 나오는 그날 모리아 산 제사의 주도권(Initiative)은 이삭에게 있었다. 아버지가 아무리 아들을 잡아 제물로 바치려 해도 아들이 반항했다면, 절대 성사될 수 없는 일이기 때문이다. 그날 모리아 산 제사에 자신의 전부를 다 걸기(All-in)한 사람은 이삭이었다. 스스로 묶여 번제단 위에 누웠던 자는 이삭이었다. 자신의 생명을 스스로 묶고 번제단에 누워 칼이 내리꽂히길 기다리고 있었던 자는 이삭이었다. 그러므로 우리는 적어도 히브리서 11장 17절 이하에서만큼은 아브라함에게 초점을 맞추어서는 안 된다. 모리아 산의 주인공은 아브라함이 아니고 이삭이다.

물이 나올 때까지 파라

성경에서 이삭은 굉장히 여리고 나약한 사람으로 묘사된다. 하지만 그렇지 않다. 이삭이야말로 외유내강(外柔內剛)을 대표하는 인물이다. 그의 믿음은 '다 걸기'(All-in)로 표현되었다. 그는 일생을 다 걸기로 살았다. 모리아 산 제사로부터 '다 걸기'의 믿음은 출발한다. 하나님 앞에 제사를 드릴 때도 자신의 몸을 태워 드리는 일에 주저하지 않았다. 기쁨으로 자신의 온몸을 하나님께 자원하여 드렸다. 그는 무슨 일을 하던지 올인(All-in)했다. 최선을 다했다. 이리저리 타협하고, 사람들 눈치 보며, 적당히 그렇게 살지 않았다. 이삭은 모리아 산에서 하나님께 제사를 드릴 때만 다 걸기를 한 것이 아니다. 삶의 현장에서 일을 할 때도 다 걸기를 했다.

> "이삭이 그 땅에서 농사하여 그 해에 백 배나 얻었고 여호와께서 복을 주시므로 그 사람이 창대하고 왕성하여 마침내 거부가 되어 양과 소가 떼를 이루고 종이 심히 많으므로 블레셋 사람이 그를 시기하여"(창 26:12-14).

여기 '그 땅'은 어디며, '그 해'는 언제인가? 온 나라가 흉년이 들어 모두들 고향을 버리고 저 애굽으로 내려갈 때였다(창 26:1). 그런데 그는 하나님의 말씀을 붙잡고 그곳에 머문다. 농사를 짓는다. 그가 적당히 농사를 했겠는가? 적당히 농사를 했는데, 그 해에 백 배의 소출을 얻었겠는가?

이삭은 우물을 팔 때도 다 걸기를 한다. 창세기 26장은 이삭이 우물 파는 현장을 소개한다. 중동 지역에서 우물을 얻는 것은 그야말로 유전을 발견하는 것보다 더 어려운 일이다. 그런데 이삭이 우물을 파기만 하면 물이 콸콸 쏟아져 나온다. 그러면 못된 사람들이 와서 그 우물을 빼앗아간다. 그러면 이삭은 또 장소를 옮겨 다른 우물을 판다. 또 빼앗긴다. 이런 일들이 몇 차례나 계속된다. 이삭이 지하를 꿰뚫어 보는 특별한 눈을 가졌을까? 그렇지 않다. 그야말로 물이 날 때까지 한 우물을 팠던 것이다. 그는 우물 파는 일에 다 걸기를 했다.

그의 이런 다 걸기 열정은 기도하는 현장에서도 나타났다. 이삭은 사실 쌍둥이 중에서 에서를 더 사랑했다. 그래서 그에게 사냥을 해서 별미 요리를 해오면 축복기도를 해주겠다고 말했다. 그런데 그 사실을 리브가가 들었다. 리브가는 야곱을 더 사랑했다. 결국 리브가는 야곱을 형 에서보다 먼저 눈먼 이삭 앞으로 나아가게 했다. 이삭은 눈앞의 야곱을 에서라고 확신하며 축복을 마음껏 베푼다. 뒤늦게 사냥을 마친 에서가 요리를 만들어 아버지 앞으로 가져왔다.

"그가 별미를 만들어 아버지에게로 가지고 가서 이르되 아버지여 일어나서 아들이 사냥한 고기를 잡수시고 마음껏 내게 축복하소서"(창 27:31).

그런데 이삭은 자기가 사랑하는 에서임에도 불구하고 축복기도를 해주지 못한다. 그 이유가 무엇인가?

"이삭이 에서에게 대답하여 이르되 내가 그를 너의 주로 세우고 그의 모든 형제를 내가 그에게 종으로 주었으며 곡식과 포도주를 그에게 주었으니 내 아들아 내가 네게 무엇을 할 수 있으랴"(창 27:37).

축복기도를 할 때도 다 걸기를 했기 때문이다. 더 이상 남아 있을 것이 없을 정도로 야곱에게 다 쏟아 부어 버렸다는 말이다.

적당한 타협은 없다

이삭의 믿음은 어떻게 표현되는가? 그의 믿음은 '다 걸기'로 표현되었다. 그에게 적당한 것은 없었다. 차지도 아니하고 덥지도 아니한 그런 모습은 찾아 볼 수 없었다.

"내가 네 행위를 아노니 네가 차지도 아니하고 뜨겁지도 아니하도다 네가 차든지 뜨겁든지 하기를 원하노라 네가 이같이 미지근하여 뜨겁지도 아니하고 차지도 아니하니 내 입에서 너를 토하여 버리리라"(계 3:15-16).

그는 하나님께 드리는 제사, 즉 예배에 다 걸기를 했다. 이삭은 삶의 현장에서 그것이 농사를 짓는 것이든, 우물을 파는 것이든 다 걸기를 했다. 무엇보다 기도하는 일에 다 걸기를 했다. 이삭이야말로 오실 메시아의 그림자였다. 왠지 아는가? 주님도 그렇게 사셨기 때문이다. 주님도 삶의 현장에서 '다 걸기'(All-in)를 하셨다. 마가복음 1장에 보면 주님의 하루일과가 소개되고 있다. 새벽부터 밤늦게까지 주님은 최선을 다하신다. 그리고 또 새벽 미명에 일어나신다(막 1:35).

"때가 아직 낮이매 나를 보내신 이의 일을 우리가 하여야 하리라 밤이 오리니 그때는 아무도 일할 수 없느니라"(요 9:4).

주님은 기도에 다 걸기를 하셨다.

"예수께서 힘쓰고 애써 더욱 간절히 기도하시니 땀이 땅에 떨어지는 핏방울 같이 되더라"(눅 22:44).

무엇보다 제사에 다 걸기를 하셨다.

"예수께서 승천하실 기약이 차가매 예루살렘을 향하여 올라가기로 굳게

> 결심하시고"(눅 9:51).
>
> "이를 내게서 빼앗는 자가 있는 것이 아니라 내가 스스로 버리노라 나는 버릴 권세도 있고 다시 얻을 권세도 있으니 이 계명은 내 아버지에게서 받았노라 하시니라"(요 10:18).
>
> "너는 내가 내 아버지께 구하여 지금 열두 군단 더 되는 천사를 보내시게 할 수 없는 줄로 아느냐"(마 26:53).

주님은 평소엔 '연한 순 같고 마른 땅에서 나온 뿌리같이'(사 53:2) 나약한 모습을 보이셨으나 그렇지 않으셨다. 그의 일생은 '다 걸기', 이 한 단어가 가장 적합할 것이다. 믿음이란 무엇인가? 그것은 '다 걸기'다. 흐지부지한 적당한 타협은 믿음이 아니다.

> "네 마음을 다하고 목숨을 다하고 뜻을 다하고 힘을 다하여 주 너의 하나님을 사랑하라 하신 것이요 둘째는 이것이니 네 이웃을 네 자신과 같이 사랑하라 하신 것이라 이보다 더 큰 계명이 없느니라"(막 12:30-31).

이삭처럼 하나님 앞에 예배를 드릴 때나 기도할 때도 '다 걸기'다. 삶의 현장에서 무엇을 하던지 '다 걸기'다. 왜냐하면 믿음은 다 걸기이기 때문이다. 다 걸기 믿음에 기적이 나타난다. '적당히'와 '다 걸기' 사이에서 머뭇머뭇하는 것은 하나님이 기뻐하시는 믿음이 아니다.

"엘리야가 모든 백성에게 가까이 나아가 이르되 너희가 어느 때까지 둘 사이에서 머뭇머뭇 하려느냐 여호와가 만일 하나님이면 그를 따르고 바알이 만일 하나님이면 그를 따를지니라 하니 백성이 말 한마디도 대답하지 아니하는지라"(왕상 18:21).

우리의 믿음이 이삭처럼 '다 걸기'(All-in)로 표출될 수 있기를 바란다. 그런 믿음을 하나님은 기쁘시게 받으신다. 그러한 믿음에 역사가 나타날 줄 확신한다.

점검 CHECK

서울대학교 졸업장, 10억 원짜리 저축통장, 온갖 보험증서가 인생을 지켜주는가?
무언가 더 붙잡을 게 있는가? 하나님께 다 걸면 안 되는가?

 수정 CHANGE

썩어 없어질 것에 인생을 걸지 말라. 단 한 시간도 생명을 연장할 수 없다.
믿음은 '다 걸기'다. 세상 주관자, 창조주 하나님께만 올인하라.

 주의 CAUTION

양다리 전략을 조심하라. 사탄에게 한쪽 다리를 찢길 수 있다.

믿음 사용설명서

믿음으로 할 수 있는 놀라운 일들을 알려 주는 친절한 안내서

7장

풀죽은 인생, 기(氣) 살리는 방법

(히 11:21)

약점이 많은 사람들

우리 주변에는 두 부류의 사람들이 있다. 한 부류는 어쩐지 나와는 거리가 먼, 마치 딴 세상에 살고 있는 듯한 느낌을 주는 사람들이다. 그런 사람들은 도무지 가까이하기에 부담스럽다. 그와 만나면 등에 땀이 나고, 불편하고, 그래서 가능한 빨리 자리를 피하고 싶은 그런 사람을 떠올려 보라. 존경은 가지만 정이 느껴지지 않고, 교감도 되지 않는다. 오히려 거부감마저 느낀다. 소화도 되지 않고, 그와 비교하면 내 자존심에 손상을 입는 것 같아 속이 상한다. 이런 부류의 사람들이 있다.

반면에 어떤 사람은, 만나면 마음이 편안하다. 호감과 친근감을 느낀다. 가까이 다가가서 교제하고 싶고, 함께 시간을 보내며, 허리띠를 풀고 대화를 나누고 싶다. 마치 된장찌개 같은 사람으로 격의(隔意) 없고 푸근함을 느끼면서 마음마저 상쾌하다. 이런 사람과 함께 있으면 나도 모르는 사이에 가슴 깊이 안고 있는 문제, 내면의 상처까지 치료되는 경험을 하게 된다.

어빈 얄롬(Irvin D.Yalom)이란 정신분석 전문의는 사람이 어떤 편안한 분위기와 아늑한 환경이 조성되었을 때 그 환경 자체만으로도 탁월한 치료가 된다는 연구를 발표한 바 있다. 이름 하여 '일반화(Universality) 요소', '상호학습(Interpersonal Learning)의 요소'가 있다는 것이다. 일반화요소란, '어, 나만 가지고 있는 문제라고 생각했는데 저 사람도 똑

같은 문제, 같은 고민을 가지고 있네!', 상호학습의 요소란, '야, 저렇게 하니까 꼴불견이구만. 나는 하지 말아야지. 야, 저런 모습은 참 보기가 좋구나. 나도 저렇게 해봐야지'라는 것이다. 그래서 결국은 좋은 상대의 모습을 닮아가려는 '모방'에 이르게 되며, 카타르시스(Catharsis)까지 경험하게 되면서 자신도 모르게 서서히 내면의 문제가 치료된다는 것이다. 그 선결조건이 무엇인가? 거리감이 없는 친밀한 관계의 형성, 이것이 전제조건이다.

히브리서 11장에는 모두 열여섯 명의 사람들이 등장한다. 그 중에서 지금까지 우리가 다룬 사람은 아벨, 에녹, 노아, 아브라함, 사라, 이삭, 이렇게 여섯 사람이다. 이 여섯 명을 두 부류로 나눌 수 있을까?

첫 번째 부류로 존경은 가지만 어쩐지 부담스러운 사람은 누구인가? 아벨, 에녹, 노아, 아브라함, 이삭 같은 사람 아닌가? '정말 대단했구나! 어떻게 그 상황에서 그렇게 할 수 있었지?' 이렇게 도전은 받지만 별종(別種)이 아닌가 하는 생각이 들면서 괜히 주눅이 든다. 어쩐지 거리감을 느낀다. 그래서 결국에는 아벨, 에녹, 노아, 아브라함, 이삭이니까 하고선 애써 외면해 버린다.

그런데 사라는 어떤가? 그를 대하노라면 편안함을 느낀다. 우리와 별반 다를 바 없기 때문이다. 그녀는 어떤가? 아이를 낳을 수 없으니 대신 자신의 몸종을 남편의 침상에 밀어 넣는다. 그녀가 덜컹 임신을 하니 예민해지기 시작한다. 시기질투가 얼마나 심한지 모른다. 자신의 생리가 끊어져 이젠 아이 낳는 것도 포기해야 할 그때에 '아이 낳을 것이라'는 하나님의 말씀에 혼자서 중얼거린다. "내가 노쇠하였고 내 주인도 늙었으니 내게 무슨 즐거움이 있으리요"(창 18:12). 그녀는 피식 웃는다. 쓴웃음, 불신앙의 웃음, 허탈한 웃음을 짓는다. 사라는 두 번째 부류의 사람으로 보아도 무방할 것 같다.

그러면 본문에 등장하는 야곱은 어떤가? 그를 만나면 우선 마음이 편해진다. 내 성품과 너무 흡사하기 때문이다. 어떤 사람들은 그렇지 않을지 모르지만 적어도 나는 그렇다. 어떻게 이렇게 닮았는지 유유상종(類類相從)이라는 말 그대로 야곱을 좋아한다. 그래서 야곱의 생애를 깊이 추적하곤 한다. '야곱'을 주제로 한 책을 제일 처음 출간했다. 지금은 야곱에 관한 책을 하나 더 출간하려고 준비하고 있다. 야곱은 대하면 대할수록 매력적이다. 힘이 난다. 용기를 얻는다. 더 나아가 그를 통해 어빈 얄롬(Irvin D. Yalom)이 말한 치유까지 경험한다. 적어도 나는 그렇다. 남의 발뒤꿈치를 붙잡고 끌어당기고, 남 잘되는 것 못 봐주고, 남 가진 것 빼앗고 싶고, 이기적이고, 목적을 위해서는 거짓말도 서슴지 않고, 자기만 생각하는 이 '야곱 성향'을 나 또한 가지고 있기 때문이다.

그런데 이 꾀쟁이, 욕심쟁이, 이기주의자를 하나님께서는 영광스런 믿음의 대열에 당당히 세우신다. 엘리야, 엘리사, 다니엘도 빠진 이 자리에 말이다. 그리고 우리에게 도전하신다. "너희들, 이 야곱을 본받아라. 야곱과 같은 믿음의 인물이 되어라." 이것은 실로 충격이 아닐 수 없다. 그렇다. 야곱은 약점이 많은 인물이다. 오늘 우리와 다를 바가 전혀 없는, 그렇고 그런 사람이다. 그런데 그런 그가 하나님의 인정을 받고, 칭찬과 축복을 받는 믿음의 인물이 되었다. 모든 사람들이 본받아야 할 귀감(龜鑑)이 되었다. 도대체 그의 어떤 모습을 하나님께서 크게 보신 것일까? 그의 믿음은 도대체 어떤 믿음인가?

죽음, 축복, 경배

본문은 이렇게 시작한다.

> "믿음으로 야곱은 죽을 때에 요셉의 각 아들에게 축복하고 그 지팡이 머리에 의지하여 경배하였으며"(히 11:21).

히브리서 기자는 그의 생애를 대단히 짧게 언급하고 있다. 아니 그의 한평생과 그의 믿음을 단 세 마디로 요약한다.

첫째, 야곱은 죽었다.

둘째, 요셉의 각 아들에게 축복했다.

셋째, 그 지팡이 머리에 의지하여 경배하였다.

본문의 핵심 단어는 죽음과 축복과 경배다. 즉 야곱의 믿음은 죽음과 축복과 경배로 축약할 수 있다는 것이다. 도대체 언제 사건을 염두에 두고 이 짧은 히브리서 11장 21절로 야곱의 믿음을 설명하는 것일까?

우선, "요셉의 각 아들에게 축복하고"라는 말씀이 힌트(Hint)가 된다. 창세기 48장 이하에 보면, 죽음을 앞둔 야곱이 요셉의 두 아들을 축복하는 현장이 소개되고 있기 때문이다. 때문에 문맥의 흐름과 내용상 그때의 사건을 염두에 두고 히브리서를 기술하고 있다고 볼 수 있다. 하지만 그렇다고 쉽게 단정하기에는 어쩐지 개운치 못하다.

세 가지 이유 때문이다. 첫째, 야곱이 임종시에 요셉의 두 아들에게만 축복한 것이 아니다. 요셉을 위시하여 그의 열두 아들에게도 하나하나 축복했다(창 49:28). 이 부분이 더 많은 분량을 차지하고 있다. 더 중요하다는 뜻이다. 그런데 왜 손자에게 축복했다고만 언급하는 것일까? 의문을 가져야 한다.

둘째, 그가 죽을 때 정말 '그 지팡이 머리'에 의지했는가 하는 것이다. 성경은 그가 죽을 때 힘을 다하여 침상에 앉았다고 말한다(창 48:2). 그때 요셉이 두 아들을 데리고 침상 가까이로 다가왔다. 그러자 야곱은 침상에 앉아 두 손자를 안고 입 맞추고 난 후 오른손은 에브라임의 머리 위에 왼손은 므낫세의 머리 위에 얹고서 축복했다(창 48:10, 13). 그는 지팡이를 의지하지 않았다. 그가 지팡이 머리를 의지하여 버티다가 세상을 떠났다고 보기가 어렵다. 임종하는 그 현장에는 요셉을 위시하여 열두 아들이 모두 모여 있었다. 그 자식들이 침상에 앉아 있는 아버지를 부축하였다. 그러므로 야곱은 그때 자식들을 의지하고 있었다.

셋째, 무엇보다 그가 지팡이를 붙잡고 경배한 흔적을 발견할 수 없다. 눈여겨보아야 할 것은 목적어, 즉 경배의 대상이 생략되어 있다는 점이다. 도대체 그때 야곱이 지팡이를 의지하면서 누구를 경배했단 말인가?

이런 세 가지 의문점에도 불구하고 얻을 수 있는 결론은 무엇인가? 히브리서 기자가 언급한 히브리서 11장 21절의 이 짧은 말씀은 단지 '야곱의 임종', 그 한 순간만을 묘사하고 있는 것이 아니란 점이다. 이 한 구절은 147세를 살았던 야곱의 전 생애를 축약해 놓은 말씀이라고 할 수 있다(창 47:28). 그는 단 한 번이 아니라 몇 차례 죽고, 또 죽었다. 그 과정에서 축복, 혹은 기도가 얼마나 소중한지를 몸소 체험했다. 이런 과정을 거치면서 자신도 모르게 경배자, 즉 지극히 겸손한 사람이 되었다는 것을 짧게 처리하고 있다는 말이다.

그러면 그의 생애 가운데 언제 죽음, 축복, 경배, 지팡이가 등장하는가? 우선 창세기 28장의 사건을 떠올릴 수 있다. 아버지로부터 형의 축복을 가로챈 야곱은 생명이 위태했다. 형이 죽이려했기 때문이다(창 27:41-42). 그는 광야로 도망쳤다. 광야는 죽음을 뜻한다(레 16:21). 그런데 그곳에서 하나님이 하늘 문을 여시고 축복해 주시는 신비한 경험을 한다. 그때 그는 베개 삼았던 돌을 세우고, 자신이 가지고 있던 기름을 온통 쏟아 붓고, 하나님을 경배했다(창 28:10-22).

죽음, 축복, 경배가 등장하고 있다. 그때 그의 손에는 오직 지팡이 하나밖에 없었다(창32:10). 또 한 번의 중요한 사건을 놓칠 수 없다. 어쩌면 그의 생애 가운데 가장 절정(Climax)이라 할 수 있는 사건이다. 무슨 사건이었는가? 두말할 필요 없이 '얍복 나루터에서의 씨름 사건'이다(창 32:22-32).

그는 그 얍복 나루터에서 허벅지 관절이 어긋났다. 죽음을 경험한다. 아니 그때 그는 죽었다(창 32:25). 또한, 얍복 그 현장에 축복이란 단어가 반복하여 나타난다. '축복하지 아니하면'(창 32:26), '거기서 야곱에게 축복한지라'(창 32:29). 한 걸음 더 나아가 지팡이까지 등장한다.

> "나는 주께서 주의 종에게 베푸신 모든 은총과 모든 진실하심을 조금도 감당할 수 없사오나 내가 내 지팡이만 가지고(for with my staff) 이 요단을 건넜더니 지금은 두 떼나 이루었나이다"(창 32:10).

야곱이 경배하는 모습도 발견할 수 있다. 그날 밤, 허벅지 관절이 어긋난 야곱은 혼자서는 걸을 수 없었다(창 32:31). 그를 부축해 줄 사람도 없었다. 다 앞서 보내버렸기 때문이다. 그때 그는 무엇을 의지했을까? 그렇다. '지팡이 머리'를 의지했다. 이 지팡이 머리를 의지한 야곱이 경배했다. 누구에게 경배했을까? '몸을 일곱 번 굽히며' 그 형에서에게 나아갔다(창 33:3). 이렇게 얍복 나루터 이 현장에 죽음, 축복, 경배, 지팡이 머리가 다 나타난다. 그러므로 이 장소와 사건은 히브리서 11장 21절과 깊은 관련이 있음에 틀림없다. 아니 어쩌면 히브리서 기자는 이 얍복 나루터 사건을 염두에 두면서 히브리서 11장 21절을 기록했는지도 모른다. 이 네 가지가 빠짐없이 나타나기 때문이다.

저주기 위한 결투

그렇다면 야곱의 믿음은 이 얍복 나루터에서 찾아야 한다. 그의 믿음이 여기에서 열매를 맺기 때문이다. 그의 믿음은 과연 어떤 믿음인가? 어떤 사람들은 그날 밤 야곱이 생명을 걸고 기도했다고 한다. 그래서 '기도' 하면 얍복 강변의 야곱을 떠올린다. 정말 그런가? 성경은 그때 상황을 이렇게 소개하고 있다.

> "야곱은 홀로 남았더니 어떤 사람이 날이 새도록 야곱과 씨름하다가"(창 32:24).

이건 기도가 아니다. 이유는 두 가지다. 첫째, 기도는 내 소원을 겸손하게 하나님 앞에 아뢰는 것이다. 그런데 그런 분위기가 전혀 아니다. 씨름이라는 단어는 히브리어로 אבק(아바크)다. 이 말은 '대등한 관계에서 상대를 이기기 위해서 서로 겨누다'라는 뜻이다. 야곱이 싸움을 벌이고 있다는 뜻이다. 이것을 어떻게 기도라고 할 수 있는가?

둘째, 백번 양보하여 이 씨름을 기도라고 한다 할지라도 의문이 있다. 그것은 씨름을 먼저 거는 주체 때문이다. 씨름을 거는 주체가 누구인가? 누가 주도적인가? 야곱인가, 하나님인가? 기도는 내가 소원이 있어 내가 하나님 앞에 주도적으로 나아가는 것이다. 그런데 이 현장은 그렇지 않다. 하나님이 주도적이시다. 그러므로 기도라고 할 수 없다는 것이다. 이것은 문자 그대로 '씨름'일 뿐이다.

그날 밤, 야곱은 홀로 남아 에서로 인한 두려움으로 벌벌 떨고 있었다. 바로 그때 그 현장에 한 사람이 나타났다. 그때 야곱은 싸움을 거는 상대가 누구인지 몰랐을 것이다. 에서가 보낸 사람이거나, 아니면 라반이 보낸 사람이라고 생각했을지도 모른다. 그야말로 '어떤 사람'이었다(창 32:24). 그가 싸움을 걸어오니 상대가 누구인지 모른 채 죽지 않으려고 싸웠을 뿐이다. 상대가 덤벼드니 방어하기 위해 죽을힘을 다했다는 말이다. 밤새도록 이어지는 그 싸움판 현장, 서로 부딪히며 뒹구는 과정에서 그는 알게 되었다. 자신이 붙잡고 있는 분이 하나님이라는 놀라운 사실을 말이다. 그런데 결과는 어떻게 되었던가?

"이는 네가 하나님과 및 사람들과 겨루어 이겼음이니라"(창 32:28b).

그야말로 고래와 새우의 싸움, 하나 마나한 싸움이었다. 그런데 전혀 예상 밖의 결과가 나타났다. 누가 이겼는가? 야곱이 이겼다. 버러지 같은 야곱이 하나님을 이겼다(사 41:14). 할렐루야! 그런데 정말 야곱이 이겼는가? 아니다.

내 아들의 어린 시절을 가끔씩 떠올린다. 대여섯 살 때였던 것 같다. 이 애가 장난감, 그 중에서도 조그마한 자동차 장난감을 그렇게 좋아했다. 가게 앞에만 가면 아빠의 손을 붙잡고 놓지 않는다. 할 수 있는 떼를 다 쓴다. 눈물, 콧물을 쏟으면서 말이다. 그러면 아빠가 이기는가? 아니다, 진다. 다섯 살배기 그 아이에게 아빠가 진다. 정말 힘이 모자라서 지는 것인가? 아니다. 그냥 져 주는 것이다.

허벅지 관절이 어긋나버린 야곱, 허벅다리를 다쳐 다리를 절면서 갈 수밖에 없는 사람이 무슨 힘을 쓸 수 있겠는가? 그럼에도 불구하고 "나로 가게 하라"(창 32:26)고 애원하신다. 그러나 야곱은 자신에게 축복하지 아니하면 가게 하지 않겠다고 버틴다. 과연 정말 갈 수 없어서 안 가신 것인가? 아니다. 야곱에게 자신감을 불어넣어 주시기 위해서, 축복의 기회를 주시기 위해서 안 가셨다. 무엇이든지 할 수 있다는 것을 몸소 체험토록 해주기 위해서다.

그렇다. 그날 밤, 하나님은 야곱으로 하여금 자신감을 회복시켜 주기 위해서 나타나셨다. 싸움을 거셨다. 그리고 져주셨다. 야곱이 어떤 처지에 놓여 있는가? 정말 두렵고 답답하여 견딜 수 없는 상황에 던져져 있다. 자신감, 의욕 다 상실했다. 기도할 힘조차도 잃어버린 채 혼자 쓰러져 있다. 탈진(burnout)된 상태, 기진맥진한 상태, 넋 나간 모습을 하고 있다. 그럴 수밖에 없었다. 모든 것을 다 보내버리고 외톨이가 되어 있지 않은가! 그런데도 죽음의 공포가 엄습하고 있다. 이 상황에서 무엇을 어떻게 해야 할지 몰라 벌벌 떨고 있다. 바로 그때 다른 분이 아닌 하나님이 나타나셨다. 그리고 그에게 한마디로 '실컷 얻어맞아' 샌드백(sandbag)이 되어 주신다. 발길질도 당하시고, 내동댕이침도 당하신다. 시퍼렇게 멍드는 것도 마다하지 않으셨다. 내가 쓰러진 자리에서 일어날 수만 있다면 어떤 수모, 아픔, 고통도 감수하시겠다는 하나님이시다.

사람들은 어떠한가? 모두 다 이기려고 눈이 벌겋다. 부부싸움을 왜 하는가? 부모와 자식, 이웃, 직장동료 등 모든 곳에 정글의 법칙이 적용된다. 그야말로 약육강식(弱肉强食)의 현장이다. 그러나 오직 한 분, 하나님은 져주신다. 깨끗이 져주신다. 그래서 우리로 하여금 자신감을 회복하게 하신다. 하나님을 이겼는데, 천하에 두려울 것이 있겠는가?

하나님을 이긴 자가 못 이길 것은 없다

믿음이란 무엇인가? 이 하나님을 붙잡는 것이다. 모든 것이 다 내 곁을 떠난다. 사랑하는 아내, 생명같이 소중한 자식, 땀 흘려 모은 재물, 건강, 젊음도 다 떠나보내야 하는 상황이 온다. 철저히 외톨백이가 된다. 그러나 그때 나를 찾아오시는 분이 있다. 내 곁에 오셔서 말씀하시는 분이 있다. 하나님이시다. 이 하나님을 붙잡는 것이 믿음이다. 나는 부족하고 죄 많고, 연약하나 하나님을 꽉 붙잡는 것이 바로 믿음이다. 이 하나님을 붙잡기만 하면 하나님이 져주신다. 하나님이 져주신다는 것은 무슨 뜻인가? 내가 세상의 모든 것을 다 할 수 있는 능력자가 된다는 뜻이다.

언젠가 TV에서 일산 킨텍스에서 열린 '국제역도선수권대회'의 생중계 장면을 본 적이 있다. 장미란 선수가 입장했다. 그녀는 그 경기에서 자신이 가지고 있던 세계신기록을 갱신하면서 국제선수권대회 4연패를 달성했다. 그야말로 세계를 들어 올리는 순간, 그녀의 얼굴에는 기쁨과 감격, 웃음과 눈물이 교차되어 지나갔다. 그런 그녀가 바벨을 바닥에 던지자마자 옆으로 달려가 흰 티셔츠를 유니폼 위에 급히 껴입고 다시 나왔다. "Jesus is LOVE"가 새겨진 하얀 티셔츠! 그 티셔츠를 입은 후 관중석 사이를 돌면서 손을 흔들었다. 실로 감격의 순간이 아닐 수 없었다.

그리고 나뿐 아니라 수많은 사람의 가슴에 지워지지 않을 영상으로 남은 한 장면이 있다. 남아공 월드컵 16강 진출이 확정된 순간 화면에 비친 이영표 선수의 얼굴이었다. 그의 얼굴을 비추고 있는 동안 스피커에서는 아무 소리도 들리지 않았지만 이영표 선수가 하늘을 향해 너무도 선명하게 "주여, 주여!"를 외치고 있었다. 그의 입모양을 통해 들려지는 '주여'의 외침은 그 어떤 큰 소리보다 강렬하게 고막을 강타했다. 아마도 그 장면을 본 대한민국의 수많은 크리스천들은 함께 '주여'를 외치며 울었을 것이다.

이영표와 장미란, 그 둘에게서 내세울 만한 대단한 구석은 없었다. 산골짜기 가난한 부모에게서 태어났다. 한 사람은 집채만 한 체격이고 한 사람은 축구하기에 너무 작다. 무 같은 다리, 두꺼비 같은 손, 농구공보다 더 큰 얼굴, 그녀는 내세울 것이 하나도 없었다. 화려한 공격수도 아니고, 박지성처럼 인터뷰 일순위도 아니다. 네덜란드에서 함께 뛴 지성은 프리미어리그로 가서 화제의 인물이 되었지만 그는 그런 화려함과는 거리가 멀다. 그런 그들이 하나님을 만났다. "나를 지으신 이가 하나님, 나를 부르신 이도 하나님." 하나님이 왜 나를 이렇게 만드셨는지, 무엇을 하기 원하시는지를 깨달았다. 들어올리고, 또 들어올렸다. 뛰고 또 뛰었다. 어찌 자기가 만난 하나님을 증거하지 않고 배길 수 있으랴!

왜 그날 밤 하나님께서는 야곱에게 다가와 싸움을 거셨을까? 왜 져 주셨을까? "넌, 내 작품이야. 넌 무엇이든지 할 수 있어. 누구든지 이길 수 있어. 하나님인 나를 이겼는데 누가 너를 이길 수 있겠느냐. 네가 못 이길 자가 누구며, 네가 못할 것이 무엇이겠느냐?" 바로 이것이다. 하나님을 이긴 야곱은 이제 세상에서 더 이상 두려워할 것이 없다. 하나님을 이겼는데 그 누구와 싸운들 질 리가 있겠는가? 이 기이한 경험 이후 그는 담대하게 앞으로 나아간다. 드디어 믿음의 반열에 당당히 서게 된다. 갈 때마다 기적이 나타난다.

야곱의 하나님이 바로 나의 하나님이다. 그분은 우리가 실패하고 믿음이 약해 쓰러져 있을 때 우리를 야단치는 분이 아니다. 오히려 다시 한 번 용기를 가지고 자신감을 회복하고 일어설 수 있도록 우리에게 찾아오셔서 땅 바닥에 내동댕이침을 당해 주시는 분이다. 내가 쓰러진 자리에서 좌절하지 않고 일어설 수만 있다면 그분은 우리에게 맞고, 발길질 당하고, 짓밟힘 당하는 것도 마다하지 않으시며, 더 나아가 십자가까지 지시는 분이다. 내가 새 힘과 용기를 가지고 일어설 수만 있다면 그 어떤 희생이라도 능히 감수하시는 분이다. 내가 새 소망을 얻는 길이라면 자신의 독생자라도 아낌없이 던져 주시는 분이다.

> "두려워하지 말라 내가 너와 함께 함이라 놀라지 말라 나는 네 하나님이 됨이라 내가 너를 굳세게 하리라 참으로 너를 도와주리라 참으로 나의 의로운 오른손으로 너를 붙들리라"(사 41:10).

이 하나님을 믿는가? 이 하나님이 나의 하나님이시다. 야곱처럼 두려움에 벌벌 떨면서 문제 앞에서 좌절한 채 쓰러져 있는가? 내 곁에 계신 하나님을 붙잡으라. "나와 한 판 붙어보자"고 말씀하시는 하나님과 씨름하라. 그 순간 새로운 힘과 능력을 공급받게 될 것이다. 이 야곱의 믿음을 달라고 기도하라.

> "옛 야곱이 천사와 씨름하던 그 믿음을 주옵소서"(찬송가 368장 3절)

우리 모두 이 믿음의 주인공이 될 때 쓰러진 자리에서 일어나게 될 것이다. 이 '하나님의 져주시는 은혜'가 모두에게 넘치기를 바란다.

점검 CHECK

가진 게 없어서, 가방끈이 짧아서, 못생겨서… 그래서 기죽고 사는가?
세상의 눈이 아닌 하나님의 눈으로 나를 보면 어떻게 달라지는가?

 수정 CHANGE

기죽지 마라. 하나님이 그대에게 져주셨다. 하나님을 이긴 자가 못할 일은 없다.
믿음은 이김을 붙잡는 것이다. 이미 이겼다. 세상에 당당히 맞서라.

 주의 CAUTION

눈에 보이는 것을 조심하라. 파도를 보면 빠지나 예수님을 보면 물 위를 걷는다.

8장

영원히 머물 곳에 뼈를 묻어라

(히 11:22)

어떤 유언을 남길 것인가

해방에 이어 6.25전쟁이 발발했던 우리나라의 1950년대는 그야말로 혼란과 격변, 그 자체였다. 그때 대부분의 사람들은 본의 아니게 정든 고향을 떠나야만 했었다. 특히 이북에서 생활하던 분들 중에 대지주나 크리스천들은 해방, 혹은 1.4후퇴를 전후하여 삶의 근거지를 뒤로 하고 거의 대부분 남으로 피난 왔다. 한결같이 가볍게 짐을 꾸려 대문을 나섰다. 잠시 후면 다시 고향 땅을 밟을 수 있으리라 생각했기 때문이다. 때문에 남한에 내려와서도 낯선 땅에 정착할 생각보다는 다시 고향으로 돌아가야겠다는 생각들이 훨씬 더 강했다.

내가 아는 한 가정 이야기를 하겠다. 평북 의주가 고향인 이 가정이 전쟁 통에 마산으로 피난을 갔다. 그리고 그곳에서 남편이 32세의 나이로 갑자기 세상을 떠난다. 당시 스물네 살밖에 되지 않은 아내는 세 살 난 아들과 8개월 된 어린 딸을 책임져야 하는 청천벽력(靑天霹靂) 같은 현실을 마주해야 했다. 아내는 먼저 남편의 장례식과 묘지는 어디에 써야 할지 고민했다. 아내는 '곧 고향으로 갈 텐데, 고향에 묻어드려야 하지 않을까? 여기 이 낯선 땅 마산에 남편의 무덤을 마련할 필요는 없겠지. 더군다나 죽음의 의미조차 모르는 이 핏덩이 같은 아이들이 좀 더 자라고 난 뒤에 그때 장례식을 치러도 될 거야'라고 생각했다. 그래서 당시로서는 드물게 화장(火葬)하고, 뼈를 넣어 유골함을 만들었다. 그리고선 어린 남매를 이끌고 이리저리 고달픈 피난살이를 이어갔다. 그런 와중에도 남편의 유골함만은 보물상자처럼 소중히 보관하며 가지고 다녔다. 무려 13년 동안이나 가지고 다녔다. 드디어 아들이 중학교 1학년, 딸이 초등학교 5학년이 되었다. 그런데도 고향으로 돌아갈 수 있는 기미가 전혀 보이지 않았다. 그러던 어느 날 엄마는 장롱 위에서 유골함을 내려 아이들 앞에 펼쳐보였다. "여기 이것이 너희 아빠란다. 13년 전 너희 아빠가 마산에서 배가 아프다고 하시더니만 그냥 돌아가셨어. 이런 저런 몇 가지 이유 때문에 지금까지 집안에 유골을 모시고 있었으나, 더 이상 고향으로 돌아갈 수는 없을 것 같고, 여기 이곳에 장지를 마련하여 아빠의 장례식을 치르자"라고 하면서, 1964년 드디어 천안에 장지를 마련하여 장례를 치렀다고 한다.

요셉이 임종(臨終)에 직면했다. 그의 생애는 참으로 파란만장(波瀾萬丈)했다. 어린 나이에 사랑하는 어머니를 여의었고, 자라는 과정에서 배다른 형들에게 미움도 많이 받았다. 그러다가 급기야는 다른 사람도 아닌 피를 나눈 형들의 손에 의해 쥐도 새도 모르게 죽게 될 운명에 처했다. 요셉이 아버지의 심부름으로 양치는 형들에게로 다가왔을 때, 형들이 어떤 음모를 꾸몄는가?

"자, 그를 죽여 한 구덩이에 던지고 우리가 말하기를 악한 짐승이 그를 잡아먹었다 하자 그의 꿈이 어떻게 되는지를 우리가 볼 것이니라 하는지라"(창 37:20).

다행히 장자 르우벤의 배려로 그 위기를 가까스로 넘기긴 했지만 길은 첩첩산중(疊疊山中)이었다. 머나먼 땅, 애굽에 종으로 팔려갔다. 그곳에서 보디발이란 장군의 집에서 종살이하다가 보디발 아내의 모함으로 왕궁 안에 있는 감옥에 갇혔다. 그곳은 정치범 등 중죄인을 가두는 감옥이었다. 살아나올 가망이 전혀 없는 절망적인 신세가 되었다. 그런데 기적이 나타났다. 그곳에서 만난 술 맡은 관원장의 소개로 바로 왕 앞에 서게 되고, 왕의 꿈을 해석함으로 드디어 애굽의 총리대신 자리에까지 이르렀다(창 41:41).

그는 이제 대제국 애굽에서 막강한 권력자요, 실세(實勢)가 되었다. 왕이 자신의 전권을 요셉에게 일임했기 때문이다.

"바로가 또 요셉에게 이르되 내가 너를 애굽 온 땅의 총리가 되게 하노라 하고 자기의 인장 반지를 빼어 요셉의 손에 끼우고 그에게 세마포 옷을 입히고 금 사슬을 목에 걸고 자기에게 있는 버금 수레에 그를 태우매 무리가 그의 앞에서 소리 지르기를 엎드리라 하더라 바로가 그에게 애굽 전국을 총리로 다스리게 하였더라"(창 41:41-43).

이런 그가 애굽에서 누린 부귀와 영화를 어찌 다 필설(筆舌)로 표현할 수 있겠는가! 하지만 그런 그도 똑같은 인간, 모든 사람이 가야 할

길, 죽음의 문턱에 섰다. 나이 110세, 죽음의 그림자가 다가옴을 인지했다. 그때 그는 어떤 유언(遺言)을 남기는가?

내 해골을 메고 떠나라

제자훈련 2년차에 들어서면 각자의 유언장을 작성하는 시간을 가진다. 이 유언장은 밤 11시 이후 가족들이 다 잠들었을 때, 커피를 한잔 옆에 놓고 식탁 위에서 쓰도록 한다. 유언장을 살펴보면 남녀 간에 미세한 차이점이 있는 것을 발견한다. 남자들은 남겨두고 가는 가족들의 경제문제가 제일 마음에 걸리나 보다. 그래서 거의 예외 없이 '재산이 어디에 어떻게 있는데 어떻게 관리하라'는 유언을 남긴다. 여자들의 경우는 홀로될 남편, 자식들의 정서적인 문제를 제일 안타깝게 생각하면서, '재혼을 꼭 해라. 하지만 자식들은 절대 구박받지 않도록 배려해 달라. 그 동안 사랑했다'는 내용들을 보편적으로 담고 있다.

이 책을 읽는 그대도 유언장을 한번 써보라. 언제, 어디, 어떤 상황에서 하나님이 부르실지 모르지 않는가? 내가 말이라도 한마디를 남기고 세상을 떠날지, 가족들의 손이라도 한번 잡아보고 떠날지 알지 못한다. 유언장을 써보면 삶이 훨씬 진지해진다. 다행스럽게도 요셉은 가족들이 보는 앞에서 임종을 맞이했던 것 같다. 요즈음 유행하는

'구구팔팔이삼사'다. 아니 '일일공팔팔이삼사'다. 그때 그가 어떤 유언을 남기는가? 본문은 이렇게 그의 유언을 소개하고 있다.

> "믿음으로 요셉은 임종시에 이스라엘 자손들이 떠날 것을 말하고 또 자기 뼈를 위하여 명하였으며"(히 11:22).

좀더, 당시 상황을 자세히 살펴보자.

> "요셉이 그의 형제들에게 이르되 나는 죽을 것이나 하나님이 당신들을 돌보시고 당신들을 이 땅에서 인도하여 내사 아브라함과 이삭과 야곱에게 맹세하신 땅에 이르게 하시리라 하고 요셉이 또 이스라엘 자손에게 맹세시켜 이르기를 하나님이 반드시 당신들을 돌보시리니 당신들은 여기서 내 해골을 메고 올라가겠다 하라 하였더라 요셉이 백십 세에 죽으매 그들이 그의 몸에 향 재료를 넣고 애굽에서 입관하였더라"(창 50:24-26).

마지막 순간에 그가 남긴 유언은 무엇인가? "너희들, 여기 이 애굽은 너희의 고향이 아니야. 너희는 돌아가야 돼. 하나님이 우리들에게 주신 땅이 있어. 불가피하게 지금 이곳에 머물고 있지만 이곳은 너희들이 언제까지나 머물 곳이 아니야. 떠나야 돼, 떠나게 될 거야. 너희가 떠날 때 반드시 내 해골을 메고 올라가겠다고 맹세해라. 내 무덤을 만들고 장례를 치르지 마라. 내 시신을 입관만 해라. 그래서 미라

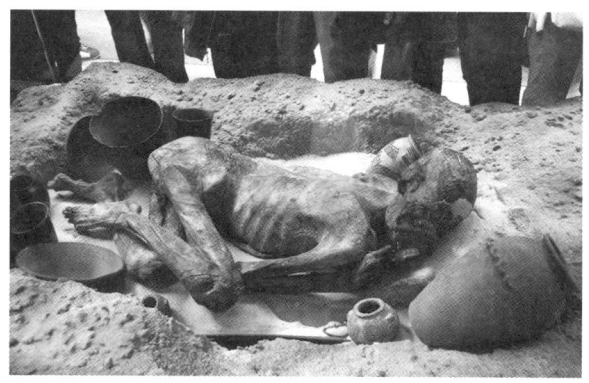

이 미라가 세계에서 가장 오래된 미라라고 한다. 40세 전후의 남자다.
자세히 보면 머리카락 한 올 한 올까지 선명하게 그대로 보존되어 있다.

(Mirra)가 되어 있는 내 모습을 보면서 내 말을 꼭 기억해라."

 영국의 대영박물관에는 많은 미라(Mirra)가 전시되어 있다. 물론 이집트에서 가져온 것들이다. 이집트인들은 주전(主前) 3,000년경부터 미라를 만들기 시작했다. 그러므로 이 분야에서는 세계 최고의 노하우를 가지고 있다. 그중에는 세계에서 가장 오래된 미라도 전시되어 있다.

 당시, 애굽 바로 왕을 위시한 권력자들은 하나 같이 죽으면 약품으로 시신을 처리한 후 거대한 피라미드(Pyramid)에 안장했다. 요셉의 몸에 향 재료를 넣고 입관했다는 것은 당시의 방법대로 내장을 뺀 후 방부제를 넣고 묶은 후에 바깥에 그 사람의 얼굴 모양을 그려서 보관했다는 뜻이다.

 임종의 순간, 요셉은 유언으로 남길 말들이 많았을 것이다. 하지만 다른 부탁은 하지 않는다. 오직 한 가지, 자기 해골, 즉 뼈를 부탁한다. "내 해골을 메고 애굽을 떠나라. 반드시 메고 떠나라." 만일 그가 원했다면 그의 무덤, 즉 피라미드도 어마어마한 규모로 건립되었을 것이다. 하지만 그는 그것을 원치 않았다. 입관만 하도록 했다. 이것이 그의 유일한 유언이요, 부탁이었다.

거대한 장례 행렬

그 후 430년의 세월이 흘렀다. 모세가 이스라엘 백성들을 출애굽시킨다. 그때의 상황은 참으로 급박했다.

> "너희는 그것을 이렇게 먹을지니 허리에 띠를 띠고 발에 신을 신고 손에 지팡이를 잡고 급히 먹으라 이것이 여호와의 유월절이니라"(출 12:11).
> "그들이 애굽으로부터 가지고 나온 발교되지 못한 반죽으로 무교병을 구웠으니 이는 그들이 애굽에서 쫓겨나므로 지체할 수 없었음이며 아무 양식도 준비하지 못하였음이었더라"(출 12:39).

이 모든 상황을 총 진두지휘(陣頭指揮)해야 하는 모세는 그 마음이 얼마나 분주했겠는가? 그런데도 그 급박한 상황에서 모세가 한 일은 무엇인가?

"그러므로 하나님이 홍해의 광야 길로 돌려 백성을 인도하시매 이스라엘 자손이 애굽 땅에서 대열을 지어 나올 때에 모세가 요셉의 유골을 가졌으니 이는 요셉이 이스라엘 자손으로 단단히 맹세하게 하여 이르기를 하나님이 반드시 너희를 찾아오시리니 너희는 내 유골을 여기서 가지고 나가라 하였음이더라"(출 13:18-19).

모세는 지금 430년 전, 까마득한 옛날에 임종을 앞두고 자신의 뼈를 부탁한 요셉의 유언을 떠올린다. 그래서 그 요셉의 유골을 찾는다. 유골을 찾아서는 그것을 메고 나온다(출 13:19). 촌음(寸陰)을 다투는 상황에서 금은패물과 의복(출 12:35) 대신에 유골을 메고 나온다. 당시 출애굽한 사람은 장정만 육십만 가량이었다(출 12:37). 여자와 아이들까지 포함하면 이백만일지, 이백오십만일지 정확히는 모르겠다. 하지만 그 거대한 행렬의 맨 선두에 누가 섰는가? 그렇다. 모세다. 그런데 모세의 어깨에 무엇이 메어져 있는가? 요셉의 유골이다. 그렇다면 이 행렬의 맨 선두에는 무엇이 섰다고 할 수 있는가? 요셉의 해골이다. 그렇게 생각한다면 이 거대한 출애굽 행렬은 또한 거대한 장례 행렬이라고 말할 수 있을 것이다. 국경을 넘는, 무려 40년 동안이나 진행된 장례행렬, 세계 역사에 이렇게 거대한 장례 행렬은 일찍이 없었다.

모세가 요단 강 동쪽 모압 땅에 이르렀다. 그때 하나님께서는 모세를 하늘로 불러가려고 하신다. 이 사실을 안 모세는 후계자 여호수아에게 지도권을 넘긴다. 그때 그가 무엇을 넘겼을까? 노회장이나 총회장이 후임자에게 지도권을 넘길 때, 성경과 헌법과 사회봉(司會棒, 고퇴)을 넘긴다. 모세는 여호수아에게 무엇을 넘겼을까? 그것은 십계명이 든 법궤와 요셉의 해골이었다. 여호수아는 이 둘을 앞세워서 요단을 건넌다. 여리고 성과 아이 성을 위시하여 가나안 땅을 정복한 후, 그 땅을 이스라엘 열두 지파에게 분배한다. 이 정복 역사의 대미(大尾)를 무엇으로 장식하는가?

"또 이스라엘 자손이 애굽에서 가져 온 요셉의 뼈를 세겜에 장사하였으니 이곳은 야곱이 백 크시타를 주고 세겜의 아버지 하몰의 자손들에게서 산 밭이라 그것이 요셉 자손의 기업이 되었더라"(수 24:32).

이렇게 볼 때 출애굽의 역사란 '요셉의 뼈를 취하여 어깨에 메는 것으로 시작하여, 그 뼈를 가나안 땅에 묻는 것'으로 정의할 수 있다. 거대한 장례 행렬을 온 세계 앞에 보여 주었다는 말이다. 믿음이란 무엇인가? 그것은 뼈를 부탁하는 것이라고 정의한다. 뼈를 부탁한다는 말은 무슨 의미인가? 요셉은 자신의 앙상한 뼈로 자신의 믿음을 표현하고 있다. "여기는 내가 영원히 살 곳이 아니다. 내가 갈 곳이 있다. 하나님께서 나에게 약속하신 땅, 아브라함과 이삭과 야곱에게 맹세하신 땅, 그 땅이 나의 본향이다. 그곳으로 가야 한다. 이 땅에서는 나그네로 살아야 한다. 영원히 머물 것처럼, 여기가 전부인 것처럼 살아서는 안 된다. 나를 이곳에 장사하지 마라. 입관만해서 두어라. 시신을 볼 때마다 내 말을 기억하라. 너희들은 떠날 것이다. 그때 내 해골을 파서 메고 올라가라." 이것이 '믿음'이다.

지금 내가 머물고 있는 이곳이 나의 영원한 본향이 아니다. 내가 가야 할 곳은 따로 있다. 분명히 있다. 하나님이 약속하신 곳, 주님이 나를 위하여 예비해 놓고 계신 곳, 저곳을 향하여 나아가는 자들이다. 그렇다. 우리는 본향을 찾는 자들이다. 이 사실을 내 온몸으로 표현하는 것이 믿음이다. 그러면 구체적으로 어떻게 이를 표현할 수 있을까?

두 가지다. 첫째, 그의 나라를 사모하는 것이다.

"그런즉 너희는 먼저 그의 나라와 그의 의를 구하라 그리하면 이 모든 것을 너희에게 더하시리라"(마 6:33).

평북 의주를 고향으로 둔 귀사님이 남편의 유골을 낯선 땅에 장사하지 않고, 그것을 들고다녔던 것처럼 그의 나라와 그의 의를 사모하는 것이다. 이것이 믿음이다.

둘째, 하늘에 보화를 쌓는 것이다.

"너희를 위하여 보물을 땅에 쌓아 두지 말라 거기는 좀과 동록이 해하며 도둑이 구멍을 뚫고 도둑질하느니라 오직 너희를 위하여 보물을 하늘에 쌓아 두라 거기는 좀이나 동록이 해하지 못하며 도둑이 구멍을 뚫지도 못하고 도둑질도 못하느니라 네 보물 있는 그곳에는 네 마음도 있느니라"(마 6:19-21).

잠시 피난 온 땅에 투자하지 않는 것처럼 지금 사는 이 세상이 아니라 하늘에 보화 쌓기를 힘쓰는 것이다. 바로 이 두 가지를 온몸으로 표현할 수 있어야 한다. 왜냐하면 이것이 온전한 믿음이기 때문이다. 이 믿음이 나에게 있는가? 이 믿음을 온몸으로 표현하고 있는가?

사람은 모두 죽음을 간직하고 산다

"이 사람들은 다 믿음을 따라 죽었으며 약속을 받지 못하였으되 그것들을 멀리서 보고 환영하며 또 땅에서는 외국인과 나그네임을 증언하였으니 그들이 이같이 말하는 것은 자기들이 본향 찾는 자임을 나타냄이라 그들이 나온 바 본향을 생각하였더라면 돌아갈 기회가 있었으려니와 그들이 이제는 더 나은 본향을 사모하니 곧 하늘에 있는 것이라 이러므로 하나님이 그들의 하나님이라 일컬음 받으심을 부끄러워하지 아니하시고 그들을 위하여 한 성을 예비하셨느니라"(히 11:13-16).

이 땅에 영원히 머물 것처럼 살지 말자. 20세기 독일 최대의 문필가로 알려진 라이너 마리아 릴케(Rainer Maria Rilke, 1875~1926)는 체코의 프라하에서 태어났다. 그가 1902년 파리로 왔다. 파리의 변두리에서 그 유명한 『말테의 수기』를 써내려간다. 그 수기의 첫 문장은 다음과 같다.

"사람들이 살기 위해서 여기로 몰려드는데, 나는 오히려 사람들이 여기서 죽을 것 같다는 생각이 든다."

릴케가 화려한 파리에서 본 것은 죽음이었다. 많은 사람들이 살기 위해서 파리로, 파리로 몰려들었지만 그들을 기다리는 것은 죽음뿐이었다. 대도시 도처에 넘쳐나는 죽음을 릴케는 날카로운 예지로 꿰뚫어 본 것이다. 그의 글은 이렇게 이어진다.

"아이들은 작은 죽음을, 어른들은 큰 죽음을 간직하고 있었다. 여자들은 그것을 자궁 안에, 남자들은 가슴속에 간직하고 있었다."

1926년 가을, 릴케는 한 이집트 여인에게 꽃다발을 선물하기 위해 장미꽃을 만지다가 가시에 찔렸다. 그런데 이 상처가 이상하게 낫지 않고 계속 덧났다. 이것이 원인이었는지는 확실치 않지만 릴케는 파상풍인지, 백혈병인지에 걸려 그해 12월 29일, 새벽 5시에 세상을 떠난다. 릴케가 남긴 유서가 개봉되었다. 그것은 단 두 줄짜리 묘비명이었다.

장미여, 오오 순수한 모순이여
이렇게도 많은 눈꺼풀 아래에서 아무의 잠도 아닌 기쁨이여!

참으로 안타깝다. 사랑하는 그대여, 이 땅에 영원히 머물 것처럼 말하고, 생각하고, 살지 말자. 죄 많은 이 세상은 내 집 아니다. 주님이 무엇이라 말씀하셨는가?

"내 아버지 집에 거할 곳이 많도다 그렇지 않으면 너희에게 일렀으리라 내가 너희를 위하여 거처를 예비하러 가노니 가서 너희를 위하여 거처를 예비하면 내가 다시 와서 너희를 내게로 영접하여 나 있는 곳에 너희도 있게 하리라"(요 14:2-3).

주님이 예비하신 본향은 과연 어떠한가?

"또 내가 새 하늘과 새 땅을 보니 처음 하늘과 처음 땅이 없어졌고 바다도 다시 있지 않더라 또 내가 보매 거룩한 성 새 예루살렘이 하나님께로부터 하늘에서 내려오니 그 준비한 것이 신부가 남편을 위하여 단장한 것 같더라"(계 21:1-2).

"성령으로 나를 데리고 크고 높은 산으로 올라가 하나님께로부터 하늘에서 내려오는 거룩한 성 예루살렘을 보이니 하나님의 영광이 있어 그 성의 빛이 지극히 귀한 보석 같고 벽옥과 수정 같이 맑더라 크고 높은 성곽이 있고 열두 문이 있는데 문에 열두 천사가 있고 그 문들 위에 이름을 썼으니 이스라엘 자손 열두 지파의 이름들이라"(계 21:10-12).

이 땅은 잠시 스쳐지나가는 곳이다. 이 땅이 아닌 내가 영원히 머물 곳이 있다는 것을 인정하는 사람은 어떻게 살아야 하는가? 주님께서는 말씀하신다. 인자가 올 때(말세)에 세상에서 이 믿음을 보겠느냐고 하신다(눅 18:8). 주님이 인정하시는 믿음은 저 하늘나라에 대한 열정을 온몸으로 표현하는 것이다.

죄 많은 이 세상은

죄 많은 이 세상은 내 집 아니네 / 내 모든 보화는 저 하늘에 있네.

저 천국 문을 열고 나를 부르네 / 나는 이 세상에 정들 수 없도다

오 주님 같은 친구 없도다 / 저 천국 없으면 난 어떻게 하나

저 천국 문을 열고 나를 부르네 / 나는 이 세상에 정들 수 없도다

점검 CHECK

미리 유언장을 써보라. 그대의 후손에게 어떤 유언을 남기고 싶은가?
예수님이 부르실 때 떠날 준비가 되었는가?

 수정 CHANGE

이 땅에 영원히 머물 것처럼 살지 말라. 100년 후에 세상은 모두 새 사람이다.
믿음은 천국을 사모하는 것이다. 천국에 있는 그대의 처소로 인해 즐거워하라.

 주의 CAUTION

화려한 인생을 주의하라. 천국에 가고 싶지 않아질 수도 있다.

9장

터널을 지나야 별이 보인다

(히 11:23–26)

약한 자를 보는 하나님의 관점

남미대륙에는 아마존(Amazon)이란 유명한 강이 있다. 안데스(Andes) 산중에서 발원하여 대서양으로 흐르는 이 강은 하구의 폭이 약 240킬로미터나 되며 쏟아내는 유량에 있어서는 단연 세계 최대이다. 이 강을 최초로 탐험한 사람은 오레야나(Orellana)인데, 그가 강을 탐험하는 중에 그곳에 살고 있는 여전사 부족과 격전을 벌인 적이 있다. 그 싸움이 얼마나 치열했던지 그리스 신화에 나오는 전설적인 여전사(女戰士) 부족인 아마존(Amazon)의 나라로 생각하고 그 강 이름을 '아마존'이라 명명했다.

그래서인지 이 아마존 강 유역에는 지금도 여자들만 사는 부족(部族)이 있다. 나무껍질로 하체만 가린 채 산속 깊은 곳에서 애벌레, 개미, 도마뱀 등을 최고의 별식으로 생각하며 행복하게 생활하고 있다. 이들에게 어쩌다가 아이가 태어날 경우가 있는데 딸인 경우에는 별문제가 없지만 아들인 경우에는 가부간(可否間) 결정을 해야만 한다. 3개월 이내에 아들을 내다 버리든지, 아니면 아들과 함께 부족공동체를 떠나든지 말이다.

남미에 아마존 강이 있다면 아프리카에는 나일 강이 있다. 적도 고원지대에서 발원하여 북쪽으로 흐르다가 지중해로 흐르는 세계에서 가장 긴 강이다. 총길이가 무려 6,650킬로미터에 달한다. 그런데 그 강 하류, 고센 땅에 마치 아마존에서와 같이 아들이면 내다버려야 하고, 딸이면 함께 살 수 있는 족속이 있었다. 이스라엘 민족이다. 이 민족에게 애굽의 바로 왕이 다음과 같은 명령을 내렸기 때문이다.

> "그러므로 바로가 그의 모든 백성에게 명령하여 이르되 아들이 태어나거든 너희는 그를 나일 강에 던지고 딸이거든 살려두라 하였더라"(출 1:22).

이스라엘 민족이 강해지는 것을 두려워한 바로가 이런 명령을 내린 것이다. 그 와중에 한 가정에 남자아이가 태어났다. 부모는 어떻게든 아이를 숨겨서라도 키워보려고 했다. 석 달을 숨겼지만 이젠 더 이상 방법이 없었다. 자칫 잘못하면 자신들의 목숨마저 위태롭게 되었다. 왕의 명령을 따르지 않을 수 없었다. 물에 잠기지 않도록 갈대상자를 만들어 아들을 태우고 나일 강 하류에 띄웠다. 살기 위해서는 어쩔 수 없었다. 그런데 히브리서 기자는 그 상황을 이렇게 설명한다.

> "믿음으로 모세가 났을 때에 그 부모가 아름다운 아이임을 보고 석 달 동안 숨겨 왕의 명령을 무서워하지 아니하였으며"(히 11:23).

이 내용이 사실일까? 정말 믿음이 있는 행동이었을까? 고개를 까우뚱하지 않을 수 없다. 분명 부모들은 왕의 명령을 무서워했기 때문이다. 그런데 여기 본문에서는 무엇이라고 평가하는가? 대단히 믿음 좋은 사람들이었다고 말하고 있다. 다음 구절을 주목하자.

"믿음으로 모세는 장성하여 바로의 공주의 아들이라 칭함 받기를 거절하고"(히 11:24).

정말 사실이 그러했을까? 그가 장성한 후 바로의 공주의 아들이라 칭함 받는 것을 단호히 거절했는가? 그래서 그가 굴러들어온 왕관을 던져버리고 광야로 뛰쳐나갔는가? 그가 왕궁에서 빠져나오게 된 동기가 무엇이었는가? 우리는 그가 남의 싸움판에 끼어들었다가 본의 아니게 애굽 사람을 쳐 죽이고 모래 속에 암매장한 살인자가 된 것을 잘 알고 있다(출 2:11-12). 이 사실을 알게 된 바로가 모세를 죽이려고 찾는다.

"바로가 이 일을 듣고 모세를 죽이고자 하여 찾는지라 모세가 바로의 낯을 피하여 미디안 땅에 머물며 하루는 우물 곁에 앉았더라"(출 2:15).

허겁지겁 왕궁을 빠져나온 모세는 광야에 몸을 숨긴다. 그런데 히브리서 성경은 무언가 다르게 기록하고 있다. 그가 자발적으로 명예와 권력과 부가 보장된 자리를 박차고 일어났다고 기록한다. 대단히 믿음이 좋은 사람이라면서 말이다.

하나만 더 살펴보자. 이어지는 히브리서 11장 25-26절이다.

"도리어 하나님의 백성과 함께 고난받기를 잠시 죄악의 낙을 누리는 것보다 더 좋아하고 그리스도를 위하여 받는 수모를 애굽의 모든 보화보다 더 큰 재물로 여겼으니 이는 상 주심을 바라봄이라"(히 11:25-26).

그가 정말 하나님의 백성과 함께 고난받기를 더 좋아했는가? 그가 정말 그리스도를 위하여 받는 수모를 애굽의 모든 보화보다 더 큰 재물로 여겼는가? 하나님께서 모세에게 말씀하셨다.

"이제 내가 너를 바로에게 보내어 너에게 내 백성 이스라엘 자손을 애굽에서 인도하여 내게 하리라"(출 3:10).

그때 모세가 '예' 하며 바로 순종했는가? 천만의 말씀이다.

"모세가 하나님께 아뢰되 내가 누구이기에 바로에게 가며 이스라엘 자손을 애굽에서 인도하여 내리이까"(출 3:11).

그는 고난당하는 자기 백성과 함께하기를 주저했다. 아니 거절했다. 바로 왕 앞에 서는 것을 두려워했다. 하나님께서 몇 번이나 말씀하셔도 그는 가지 않으려고 했다. 나중에는 입이 뻣뻣하고 혀가 둔하다고 하면서 뻗댄다(출 4:10). 마지막에는 할 말이 없으니, "오 주여 보낼 만한 자를 보내소서"(출 4:13)라는 말까지 해서 하나님의 노를 발하게 했다(출 4:14). 정말 그가 하나님의 백성과 함께 고난받기를 더 좋아했는가? 여러 가지 정황으로 보아 그것은 사실과 거리가 멀어 보인다.

도대체 진실은 어느 쪽인가? 정답을 말하면 두 쪽 다 진실이다. 그런데 왜 이렇게 상반된 묘사를 하고 있는가? 구약은 율법적 관점에서 접근한다. 반면에 신약은 은혜적 관점에서 접근하고 있다. 똑같은 사건, 똑같은 사람이다. 그런데 어떤 관점으로 접근하느냐에 따라 이렇게 완전히 다르다. 율법적 관점으로 접근하는 자는 그의 약점까지 적나라하게 묘사한다. 그러나 은혜적 관점에서 접근하는 자는 약점은 덮고 좋은 점을 드러낸다.

그렇다. 포커스(Focus)를 어디에 맞추느냐에 따라 묘사가 다르다. 약점(弱點)에 포커스를 맞추는가, 장점(長點)에 포커스를 맞추는가? 율법적 관점인가, 은혜적 관점인가? 자세히 보자. 모세뿐만 아니다. 지금까지 언급했던 아벨, 에녹, 노아, 아브라함, 사라, 이삭, 야곱, 요셉 다 마찬가지다. 저들은 약점을 가지고 있는 자들이었다. 그런데 저들의 약점을 부각시키지 않는다. 오히려 저들의 장점에 포커스를 맞춘다. 그리고 칭찬한다. 믿음이 대단한 사람들이었다고 소개하고 있다. 은혜적 관점에서 접근하기 때문이다.

오늘 그대는 어떤가? 그대는 율법적 관점의 사람인가, 은혜적 관점의 사람인가? 우리 모두 장단점이 있다. 내 곁에 있는 사람들을 나는 어떤 시각으로 바라보고, 판단하며, 말하는가? 이웃의 약한 부분에 초점을 맞추고 그 부분을 부각시키고 있는가 아니면 약한 부분은 덮어주고, 감추어주는 대신 그의 좋은 부분, 귀한 부분, 잘한 부분을 드러내며, 격려하고, 칭찬하는가? 나에게 은혜적 관점이 있는가? 내가 내 곁의 사람들에게 어떤 시각으로 다가가는지를 보시는 하나님이 우리도 그렇게 대우하실 것이다.

"너희가 비판하는 그 비판으로 너희가 비판을 받을 것이요 너희가 헤아리는 그 헤아림으로 너희가 헤아림을 받을 것이니라"(마 7:2).

"또 이르시되 너희가 무엇을 듣는가 스스로 삼가라 너희의 헤아리는 그 헤아림으로 너희가 헤아림을 받을 것이며 더 받으리니"(막 4:24).

"긍휼히 여기는 자는 복이 있나니 그들이 긍휼히 여김을 받을 것임이요"(마 5:7).

양치기가 된 왕자

이런 측면에서 볼 때 엄격히 말하면 히브리서 11장 23절부터 26절까지의 내용은 모세의 믿음을 논하고 있는 것이 아니다. 모세의 믿음은 히브리서 11장 27절부터 소개되고 있다고 보는 것이 자연스럽다. 27절은 어떤 내용인가?

"믿음으로 애굽을 떠나 왕의 노함을 무서워하지 아니하고 곧 보이지 아니하는 자를 보는 것 같이 하여 참았으며"(히 11:27).

이 히브리서 11장 27절은 어떤 사건과 연관이 있을까? '애굽을 떠나'의 시점을 찾아 보자. 이 말은 이스라엘의 출애굽을 설명하는 것이 아니다. 28절에는 유월절 규례가 소개되고 있고, 29절에는 홍해사건이 이어진다. 그러므로 여기 '애굽을 떠나'라는 말은 출애굽 시기가 아닌 모세가 애굽 왕궁에 있다가 살인사건에 연루되어 어쩔 수 없이 애굽 왕궁을 떠난 것을 지칭한다. 그렇다면 그가 애굽 왕궁을 떠나 어디에 머물렀는가? 미디안 광야에 머물렀다. 그때 그의 태도를 어떻게 표현하는가?

"보이지 아니하는 자를 보는 것 같이 하여 참았으며"라고 말한다(히 11:27). 하나님이 보이지 않지만 마치 보는 것같이 하면서 기다리고 인내했다는 것이다. 그렇다면 27절은 언제의 사건과 일치되는가? 그렇다. 출애굽기 3장의 사건과 깊은 연관이 있는 말씀이다. 출애굽기 3장은 이렇게 시작된다.

> "모세가 그의 장인 미디안 제사장 이드로의 양 떼를 치더니 그 떼를 광야 서쪽으로 인도하여 하나님의 산 호렙에 이르매"(출 3:1).

그는 나이 팔십이 되도록 변변한 재산 하나 모으지 못했다. 입에 풀칠이라도 하려면 고달픈 삶의 현장에서 뼈 빠지게 일해야 하는 그런 신세다. 한때 그는 어떤 사람이었는가? 역사의 기록에 의하면 모세 당시 애굽 왕 바로는 투트모스(Thutmose) I세였는데, 성경에 등장하는 바로의 공주는 이 바로 왕의 무남독녀로 이름은 하셉수트(Hatshepsut)였다. 그녀는 무남독녀로 법적으로도 왕위를 계승할 수 있는 유일한 위치에 있었다. 뿐만 아니라 백성들로부터 신임과 존경을 받는, 리더십이 대단한 여자였다.

이집트 박물관에 가면 이 바로의 공주, 하셉수트의 동상이 남아 있다. 그런데 얼굴 부분이 다 깨어져 있다. 그것은 백성들이 이 공주를 그리워할까봐 후대에 왕위에 오른 왕들이 일부러 머리 부분을 깨버렸기 때문이다. 그만큼 대단한 여성이었다. 역사가들은 "그 여자는 우리가 아는 대로 애굽 역사상 첫째로 꼽히는 위대한 인물이었다"라고 평가한다. 그러니 그의 아들인 모세는 어떠했겠는가? 그가 애굽에 남아 있었다면 설령 대제국, 애굽의 왕이 되지 못했다 하더라도 권력의 중심부에서 호화롭게 일생을 엮어나갈 수 있는 탄탄대로가 열려 있었을 것이다. 얼마나 당당하고 자신만만할 수 있었을까? 얼마나 큰 총애를 받고 얼마나 큰 꿈을 꿀 수 있었을까?

그런데 지금 이 꼴이 뭔가? 자신의 모습이 이렇게 되리라고 상상이나 했겠는가? 그런데 그 상상도 하지 못한 모습으로 상상도 못했던 장소에서 죽지 못해 살아가고 있다. 나이 팔십에 장인의 양을 치는 늙은 목동(?) 신세가 되어 있다. 아무도 그를 알아주지 않는다. 인정해 주는 사람도, 찾아오는 사람도 없다. 쓸쓸히 노후를 보내고 있다. 바로 이 때 모세가 지은 시가 있다는 사실을 아는가? 시편 90편이다. 이 시에는 당시 미디안 광야에서 생활하던 모세의 심정이 적나라하게 드러나 있다. 저만치 다가오는 죽음의 그림자를 보면서 시편 90편을 쓰고 있다는 말이다.

"주의 목전에는 천 년이 지나간 어제 같으며 밤의 한 순간 같을 뿐임이니이다 주께서 그들을 홍수처럼 쓸어가시나이다 그들은 잠깐 자는 것 같으며 아침에 돋는 풀 같으니이다…우리의 연수가 칠십이요 강건하면 팔십이라도 그 연수의 자랑은 수고와 슬픔뿐이요 신속히 가니 우리가 날아가나이다"(시 90:4-5, 10).

40일도 아니고, 무려 40년 동안 그는 쓸쓸한 광야에 그렇게 던져져 있었다. 이런 광야에 던져진 사람들은 일반적으로 어떤 태도를 취하는가? 제일 먼저 나타나는 현상은 책임을 전가하면서 남을 증오하는 것이다. 자신이 이렇게 된 것을 주변 사람들 탓으로 돌리면서 마음에 증오를 품는다. 부모, 형제, 동료들 때문이라고 생각한다. 그래서 다른 사람을 증오하고 미워한다. 이런 사람들은 가능하면 사람들과 접촉하려고 하지 않는다. 얼굴은 항상 굳어 있다. 웃음을 잃어버린다. 언제나 비판적이다. 그러다가 어느 시점에 이르면 남을 증오하는 단계에서 자기 자신까지도 용서하지 못하고 증오하는 단계에 이른다. 이 단계에 이르게 되면 삶 자체를 포기하기까지 한다. 심각한 경우에는 스스로 목숨을 끊는다. 지금 대한민국은 하루에 40여 명이 스스로 목숨을 끊고 있지 않은가?

그런데 모세는 어떻게 하고 있는가? 그는 양떼를 치고 있다. 팔십의 나이에 한때 대제국의 왕자였던 그가 자신의 격에 도무지 맞지 않는 일을 하고 있다. "차라리 굶어 죽었으면 죽었지 이런 하찮은 일은 못하겠어"라고 하지 않는다. 그 대신 그는 그 미디안 광야에서 자신에게 주어진 일에 최선을 다한다. 그의 모습에서 하나님, 다른 사람, 더 나아가 자기 자신을 원망하는 흔적을 찾아볼 수 없다. 남의 양을 치는 그 보잘 것 없는 일에 최선을 다하고 있다. 하루 이틀도 아니고, 40년 동안이나 말이다.

인생을 접어야 할 때 찾는 산

더 인상 깊은 장면이 있다. "그 떼를 광야 서쪽으로 인도하여 하나님의 산 호렙에 이르매"라고 기록하고 있다(출 3:1). 이 말씀을 보면 문맥에서 모세의 의지가 강하게 풍겨 나온다. 모세가 의도적으로 이 산을 찾았다는 말이다. 이 호렙 산은 어디일까?

> "우리 하나님 여호와께서 호렙 산에서 우리와 언약을 세우셨나니"(신 5:2).
> "호렙 산에서 너희가 여호와를 격노하게 하였으므로 여호와께서 진노하사 너희를 멸하려 하셨느니라"(신 9:8).
> "이스라엘 자손이 호렙 산에서부터 그들의 장신구를 떼어 내니라"(출

33:6).

그렇다. 시내 산이다. 이 시내 산이 정말 어디쯤에 있을까? 성지순례를 하면 안내원들은 주저 없이 한 산으로 여행객들을 인도한다. 새벽 2시에 숙소를 출발하여 산을 오르게 한다. 정상에 도착하면 동트기 직전, 정말 장관이다. 절로 '주 하나님 지으신 모든 세계'가 터져 나온다. 정상에서 예배도 드린다. 그런데 안내원들이 인도한 그 산이 정말 시내 산일까? 여러 견해들이 있다. 하지만 분명한 것 하나는 애굽에서 서쪽으로 먼 거리에 있는 산임에는 틀림없다. 광야를 건너고 사막을 통과해야만 갈 수 있는 곳에 이 산이 위치해 있다. 모세가 애굽에서 그 먼 호렙 산을 찾은 이유는 무엇일까? 그 넓은 미디안 광야에서 하필이면 왜 이 호렙 산을 찾았을까? 풀이 많아서일까? 그렇지 않다. 물이 풍족해서 일까? 그렇지도 않다.

그런데 왜 굳이 그 산을 찾아 산을 빙빙 돌면서 양떼를 먹이고 있는 것일까? 힌트는 '하나님의 산'이다. 이 산은 그 옛날부터 하나님이 임재하시는 곳, 하나님이 말씀하시는 곳으로 알려져 왔다. 그래서 그 산 별명이 '하나님의 산'이었다(왕상 19:8). 모세는 아주 어렸을 때, 어머니의 젖을 빨 그때, 하나님에 관한 이야기를 들었다. 하지만 지난 세월 하나님에 대한 관심이 별반 없었다. 하나님을 찾을 이유가 없었기 때문이다. 모든 것이 다 손아귀에 쥐어져 있는데 뭐 하러 찾는단 말인가. 물론 하나님을 한 번 뵌 적도 없다.

그런데 지금은 어떤가? 나이 늙어 더 이상 소망도, 희망도 가질 수 없다. 인생을 접어야 할 때다. 모든 것이 손에서 다 빠져나갔다. 바로 그때, 어릴 적 들었던 하나님이 떠올랐다. '하나님의 산'이 있다는 '소문'을 들었다(롯 1:6). 때문에 그가 그 산을 찾는다. 그리고 그 산을 떠나지 않고 빙빙 돌며 양을 친다. 그의 관심은 호렙 산에 있었다. 하나님이 그에게 나타나실 때까지 그는 자신의 삶을 포기하지 않고, 꿈을 접지 않고, 인내하며, 호렙 산을 돌고 또 돈다. 사십 년을 한결같이 호렙 산을 찾고 또 찾는다.

지난 세월 모세는 왕궁을 뱅뱅 돌았다. 권력과 부귀영화 주변을 서성댔다. 부잣집 상 곁을 뱅뱅 돌았던 나사로와 같았다. 그러나 이제는 아니다. 하나님의 산 호렙을 돌고 또 돈다. 손에 쥔 것은 아무것도 없다. 자신을 돌아보면 모든 것을 다 포기해야 할 처지다. 하지만 그는 포기하지 않는다. 그야말로 '보이지 않는 자를 보는 것 같이' 그는 하나님의 산 호렙을 찾는다.

믿음이란 무엇인가? 그것은 하나님의 산을 도는 것이다. 그 산을 향하여 눈을 드는 것이다. 그 동안 모세에게 던져진 것은 음식 부스러기뿐이었다. 그러나 이제는 과감히 그 자리에서 벗어났다. 그리고 아브라함의 품에 안긴다. 이것을 성경은 믿음이라고 말씀한다. 하나님을 찾고 또 찾는 것, 이것이 믿음이다. 하나님께 내 눈을 고정시키는 것, 이것이 믿음이다. 내 형편과 처지를 돌아볼 때에 낙심이 된다. 하지만 전심으로 하나님을 찾으면 소망이 있다.

"너희가 온 마음으로 나를 구하면 나를 찾을 것이요 나를 만나리라"(렘 29:13).

하나님은 이런 모세를 실망시키지 않으셨다. 미디안 광야, 호렙 산 기슭에서 나타나셨다.

"여호와의 사자가 떨기나무 가운데로부터 나오는 불꽃 안에서 그에게 나타나시니라 그가 보니 떨기나무에 불이 붙었으나 그 떨기나무가 사라지지 아니하는지라"(출 3:2).

그리고 그의 이름을 불러주셨다. "모세야, 모세야" 하고 말이다(출 3:4). 왕궁의 모든 사람들, 심지어 일가친척까지도 모세를 잊었다. 아무도 그를 찾아주지 않았다. 그러나 그를 기억하시는 분이 있었다. 하나님이셨다. 광야에 내던져져 있는 그를 찾아주시는 분이 계셨다. 하나님이셨다.

절대로 끊어지지 않는 줄

그대는 지금 어떤 처지에 있는가? 모세와 같이 혹시 미디안 광야에 있지는 않는가? 어느 날 갑자기 실직, 사업 실패, 건강에 문제가 생기지는 않았는가? 그런데 나이는 점점 들어가고, 젊었을 때의 꿈은 점점 멀어져가는 듯 하고, 그래서 내가 정말 원치 않던 자리, 꿈에도 생각지 못했던 곳에서 보잘 것 없는 일을 하는 신세로 전락해 있지는 않은가? 아무도 나를 알아 주거나 인정해 주지 않고 있는 것은 아닌가? 모두 다 내 곁을 떠나고 혈혈단신(孑孑單身)으로 찬바람을 맞고 있지는 않는가? '이게 내가 아닌데. 이렇게 내 인생이 끝나서는 안 되는데.' 그래서 수많은 밤을 하얗게 보내고 있지는 않는가?

니콜로 파가니니(Niccolo Paganini)라는 바이올리니스트(Violinist)가 어느 날 아주 중요한 연주회장에서 바이올린을 연주하게 되었다. 잘 연주해 나가고 있었다. 그런데 갑자기 줄 하나가 끊어졌다. 그 순간 청중들이 깜짝 놀랐다. 그런데 파가니니는 당황하지 않고 침착한 모습으로 남은 세 개의 줄로 곡을 계속 연주했다. 그런데 한 줄이 또 끊어졌다. 그럼에도 그는 여전히 연주를 이어갔다. 그때 세 번째 줄이 날카로운 소리를 내면서 끊어지고 말았다. 그래도 그는 포기하지 않는다. 줄 하나를 가지고 끝까지 연주했다. 그날, 줄이 끊어진 그 사건이 그를 일약 세계적인 연주가로 명성을 날리게 만드는 계기가 되었다. '줄 하나의 파가니니', 이것이 그의 명예로운 별명이 되었다.

우리는 모두 예외 없이 '인생'이란 연주를 멋있게 하고 싶어 한다. 모든 사람들의 환호와 박수갈채를 받고 싶어 한다. 그런데 이런 우리의 기대나 의지와는 상관없이 줄이 끊어진다. 건강, 젊음, 물질, 직장, 사업, 부모라는 줄이 '뚝뚝' 소리를 내며 끊어진다. 멋진 연주를 하고 싶었는데 내가 가진 것들이 하나하나 떨어져 나간다. 그러나 마지막 남은 한 개의 줄은 절대 끊어지지 않는다. 그 줄은 하나님과 우리 사이에 연결된 '사랑의 줄'이다. 세상의 모든 것이 다 끊어져도 이 줄은 튼튼하다. 그 줄 때문에 더 멋진 연주를 하게 될 것이다.

"누가 우리를 그리스도의 사랑에서 끊으리요 환난이나 곤고나 박해나 기근이나 적신이나 위험이나 칼이랴 기록된 바 우리가 종일 주를 위하여 죽임을 당하게 되며 도살당할 양 같이 여김을 받았나이다 함과 같으니라 그러나 이 모든 일에 우리를 사랑하시는 이로 말미암아 우리가 넉넉히 이기느니라 내가 확신하노니 사망이나 생명이나 천사들이나 권세자들이나 현재 일이나 장래 일이나 능력이나 높음이나 깊음이나 다른 어떤 피조물이라도 우리를 우리 주 그리스도 예수 안에 있는 하나님의 사랑에서 끊을 수 없으리라"(롬 8:35-39).

그대, 아직 호흡하고 있는가? 그대의 인생은 아직 끝나지 않았다.

"우리가 알거니와 하나님을 사랑하는 자 곧 그의 뜻대로 부르심을 입은 자들에게는 모든 것이 합력하여 선을 이루느니라"(롬 8:28).

포기하지 말라. 낙심하지 말라. 오늘 주어진 삶의 현장에서 최선을 다하라. 무엇보다 하나님의 산 호렙, 주의 몸 된 교회를 찾고 가까이

하는 일에 열심을 내라. 분명히 하나님은 당신을 만나주실 것이다. 그리고 당신을 위해 예비해 두신 놀라운 복들을 안겨주실 것이다. 하나님 앞에서 비록 연약하지만 믿음을 표현하기만 하면, 겨자씨 믿음을 크게 보시고 역사하실 것이다.

다 표현 못해도

다 표현 못해도 나 표현하리라 다 고백 못해도 나 고백하리라

다 알 수 없어도 나 알아 가리라 다 닮지 못해도 나 닮아 가리라

그 사랑 얼마나 아름다운지 그 사랑 얼마나 날 부요케 하는지

그 사랑 얼마나 크고 놀라운지를 그 사랑 얼마나 나를 감격하게 하는지

우리의 믿음을 표현해 보자. 다 표현 못해도 좋다. 다 고백 못해도 고백해 보자. 우리의 믿음을 모세처럼 표현하는 모두 될 수 있기를 바란다.

점검 CHECK

"천국에서 지옥으로"라는 말이 있다. 그런 상황을 경험해 보았는가?
아무것도 보이지 않는 터널을 지나는 것 같을 때 하나님은 무슨 계획을 가지신 것일까?

 수정 CHANGE

하나님은 때로 그대를 사용하시기 위해 터널을 지나게 하신다. 최선을 다해 통과하라.
믿음은 눈을 들어 산을 보는 것이다. 거기로부터 오는 그대의 도움을 바라라.

 주의 CAUTION

중도포기 절대 금지. 일단 들어섰으면 별이 보일 때까지 가야 한다.

10장

벼랑 끝에서 잡을 붉은 줄을 가졌는가?

(히 11:31)

마지막 주자

경제학을 수학적 구조로 설명하여 수리경제학의 지평을 연 현대 경제학의 거장, 미국 최초의 노벨경제학상을 수상한 폴 새뮤얼슨(Paul Samuelson)이 2009년 12월 13일, 노환으로 타계했다. 향년 94세였다. 그가 1948년에 쓴 『경제학』이란 책은 40개 국어로 번역되어 400만 부 이상 팔렸다. 경제학도로서 이 책을 접하지 않은 사람은 아마 없을 것이다. 이 책의 서문에는 왼쪽에서 보면 양, 오른쪽에서 보면 새의 머리 모양을 한 유명한 그림이 등장한다. 이론적 배경, 관점에 따라 얼마든지 양일 수도 있고, 새일 수도 있다는 논지다.

2009년 12월 19일 발간된 중국의 한 신문 보도에 따르면, 2009년 세계 10대 뉴스 인물 중 노무현 전(前) 대통령이 3위를 차지했다. 1위는 버락 오바마(Barack Hussein Obama) 미국 대통령, 2위는 끊임없이 스캔들을 일으킨 실비오 베를루스코니(Silvio Berlusconi) 이탈리아 총리의 뒤를 이었다. 노 전 대통령을 3위에 선정한 이유로는 '그의 자살 사건과 재임(在任) 기간의 공적에 대한 크게 엇갈린 평가 때문이라'고 전했다.

기독교의 핵심이며 뿌리는 믿음이다. 기독교 신앙의 모든 것은 믿음으로부터 출발한다. 이 믿음이 무엇일까? 한 마디로 규정할 수 없다. 때문에 히브리서 기자는 많은 사람들을 등장시킨다. 그리고 저들의 생애를 통해 믿음이 과연 무엇인가를 설명한다. 아벨, 에녹, 노아, 아브라함의 믿음이 다르다. 접근법과 강조점이 다르다. 그래서 지금까지 믿음이 무엇인지, 어떻게 사용해야 하는지를 여러 모양으로 조명하며 달려왔다. 그리고 이제 그 종착역에 이르렀다. 아직도 많은 사람들이 남아 있는데 왜 종착역이라고 하는가? 물론 오늘 본문 다음에도 계속하여 여러 사람들이 언급된다.

"내가 무슨 말을 더 하리요 기드온, 바락, 삼손, 입다, 다윗 및 사무엘과 선지자들의 일을 말하려면 내게 시간이 부족하리로다"(히 11:32).

이들 한 사람 한 사람 모두 훌륭한 믿음의 선배들임에 틀림없다. 하지만 한 절에, 그것도 단순히 이름만 언급하고 지나가는 점에 있어서 분명히 앞에 언급된 사람들과는 차이점이 느껴진다. 히브리서 11장 31절까지 언급된 사람들이 주전 선수들이라면 히브리서 11장 32절에 언급된 사람들은 후보들이라고 할까!

이 주전 선수들 중에서 제일 중요한 선수는 몇 번째에 자리할까? 성화 봉송이나, 릴레이 경기, 축구에서 승부차기를 할 때에 감독은 순번에 신경을 쓴다. 선수 중 가장 듬직하고 실력이 제일 좋은 최고의 선수를 맨 마지막으로 배치한다. 마지막 주자와 선수가 그만큼 중요하기 때문이다.

드디어 믿음의 경주가 시작되었다. 제일 먼저 스타트를 끊는 주자는 아벨이다. 물론 중요한 주자다. 그가 출발선을 통과하여 달음박질을 시작한다. 그러자 수많은 관중들이 응원을 보낸다.

"이러므로 우리에게 구름 같이 둘러싼 허다한 증인들이 있으니 모든 무거운 것과 얽매이기 쉬운 죄를 벗어 버리고 인내로써 우리 앞에 당한 경주를 하며"(히 12:1).

에녹이 두 번째 바통을 터치했다. 에녹은 노아에게 바통을 넘긴다. 이어서 아브라함, 사라, 이삭, 야곱, 요셉, 모세, 드디어 마지막 주자에게 바통이 넘어갔다. 마지막 주자가 드디어 그라운드에 모습을 드러냈다. 그런데 마지막 주자가 누구인가? 놀랍게도 라합이라는 여성이다. 기생 라합, 그야말로 히든카드(hidden-card)다. 그런데 어떻게 이 여성이 마지막 주자란 말인가? 어떻게 이 여성이 믿음의 대표주자란 말인가? 모두들 의아해할 수 있는 의외의 인물이다.

붉은 줄에 담긴 약속

그러므로 이 여인에 대해서 좀 더 자세히 알아보아야만 한다. 왜냐하면 이 여인이 마지막 주자, 즉 믿음이 가장 고귀하며 최고라고 설명하기 때문이다. 과연 어떤 여인이었는가? 먼저 그녀의 직업, 신분은 무엇인가?

"눈의 아들 여호수아가 싯딤에서 두 사람을 정탐꾼으로 보내며 이르되 가서 그 땅과 여리고를 엿보라 하매 그들이 가서 라합이라 하는 기생의 집에 들어가 거기서 유숙하더니"(수 2:1).

라합이라는 여성이 성경에서 처음으로 등장하는 현장이다. 성경은 그녀를 기생이라고 소개한다. 그녀를 부를 때마다 빠뜨리지 않고 기생이라는 수식어를 앞에 붙인다(수 2:1, 6:17, 22, 25; 약 2:25). 심지어 이 믿음장인 히브리서에서도 그녀를 그냥 라합이라고 부르지 않고, '기생 라합'이라고 부른다. 그녀의 직업은 기생이다. 이 남자 저 남자의 품에 안겨 자신의 몸을 팔아 생활하는 여성이다. 예나 지금이나 이런 여성들은 어떤 취급을 받는가?

요한복음 8장에는 간음하다가 현장에서 잡힌 여인의 사건이 소개된다. 어쩌다가 이 여인이 부끄러운 일을 행했던 것 같다. 그런데 공교롭게도 현장에서 들키고 말았다. 서기관들과 바리새인들은 그녀를 개처럼 끌고 와서 사람들 가운데 세우고 돌로 쳐 죽이려고 한다. 어쩌다가 한 번 실수했는데 말이다(요 8:1-11). 요한복음 4장에는 남편을 여섯 둔 수가 성 여인이 등장한다. 동네사람들은 그녀를 왕따시켰다. 자신 또한 자격지심인지 사람들과의 교제를 끊었다. 모든 사람들이 다 낮잠을 자고 있는 뜨거운 대낮에 물을 긷기 위해 우물에 나타나지 않았는가?

하물며 몸 파는 것을 업으로 삼고 있는 기생은 어떠했겠는가? 그녀의 가슴에 주홍글씨처럼 붙어 있는 '기생'이라는 호칭에서 풍겨나는 뉘앙스(nuance)는 어떤 것인가? 사창가, 인간이하, 구제받을 수 없는, 소망이 없는, 상처투성이… 이사야 선지자를 통한 하나님의 말씀이 떠오른다.

> "너희가 어찌하여 매를 더 맞으려고 패역을 거듭하느냐 온 머리는 병들었고 온 마음은 피곤하였으며 발바닥에서 머리까지 성한 곳이 없이 상한 것과 터진 것과 새로 맞은 흔적뿐이거늘 그것을 짜며 싸매며 기름으로 부드럽게 함을 받지 못하였도다"(사 1:5-6).

그렇다. 라합은 진정 그런 여자였다. 도무지 사람 취급을 받을 수 없는, 더 이상 소망이 없는 그런 여인이었다.

둘째, 그녀의 마음에는 지금 무엇으로 가득 차 있는가?

> "말하되 여호와께서 이 땅을 너희에게 주신 줄을 내가 아노라 우리가 너희를 심히 두려워하고 이 땅 주민들이 다 너희 앞에서 간담이 녹나니"(수 2:9).
>
> "우리가 듣자 곧 마음이 녹았고 너희로 말미암아 사람이 정신을 잃었나니 너희의 하나님 여호와는 위로는 하늘에서도 아래로는 땅에서도 하나님이시니라"(수 2:11).

그녀의 마음속은 지금 불안과 두려움으로 가득 차 있다. 간담이 녹

아내리고, 정신을 차릴 수 없을 정도였다. 잠을 잘 수가 없고 일이 손에 잡히지 않는다. 마치 정신 나간 사람처럼 눈에 초점을 잃었다. 다리가 후들후들 떨린다. 넋 나간 사람처럼 멍하니 주저앉아 있다.

셋째, 그녀는 지금 어떤 환경에 던져져 있는가?

"이스라엘 자손들로 말미암아 여리고는 굳게 닫혔고 출입하는 자가 없더라"(수 6:1).

여리고 성은 굳게 닫혀 있다. 나가려야 나갈 수도 없고, 도망치려야 도망칠 수도 없는 성 안에 갇혀 있다. 그 성은 장차 어떤 운명에 처해 있는가? 한순간에 와르르 무너질 운명에 처해져 있었다. 이것을 라합은 알고 있었다. 하지만 빠져나갈 수가 없다. 그 성과 함께 멸망당해야 할 그런 환경에 던져져 있다.

이것이 라합의 현주소다. 그녀는 용서받을 수 없는 더러운 죄인, 몸 파는 일을 일생의 업으로 생각하며 살아온 죄인이었다. 그녀의 마음에는 지금 불안, 초조, 두려움이 가득 차 있다. 그녀는 도망치려해도 도망칠 수 없는 상황에 갇혀 있다. 이런 여인에게 무슨 소망이 있단 말인가? 모든 것을 체념하고 포기해야 할 그런 운명에 던져 있다. 그런데 이런 상황에 던져진 기생 라합은 어떻게 하는가?

"이는 너희가 애굽에서 나올 때에 여호와께서 너희 앞에서 홍해 물을 마르게 하신 일과 너희가 요단 저쪽에 있는 아모리 사람의 두 왕 시혼과 옥에게 행한 일 곧 그들을 전멸시킨 일을 우리가 들었음이니라"(수 2:10).

'우리가 들었음이라.' 그녀의 귀에 소문이 하나 들렸다. 무슨 소문인가? 하나님이 하신 일에 대한 소문이었다. 하나님이 홍해 물을 가르셨고, 아모리 사람들을 전멸시키셨다는 소문이었다. 이 소문을 들은 여인은 어떻게 반응하는가?

"믿음으로 기생 라합은 정탐꾼을 평안히 영접하였으므로 순종하지 아니한 자와 함께 멸망하지 아니하였도다"(히 11:31).

자기 집으로 찾아온 정탐꾼들을 영접한다. 그리고 붉은 줄의 비밀을 듣는다. 이어서 그 사람들이 건네준 '붉은 줄'을 창문에 매달아 건다(수 2:18).

"라합이 이르되 너희의 말대로 할 것이라 하고 그들을 보내어 가게 하고 붉은 줄을 창문에 매니라"(수 2:21).

붉은 줄은 실로 볼품없고 연약하기 그지없었다. 바람이 불면 이리저리 나풀대는 갈대보다 못한 천 조각에 불과했다(사 53:2-3). 하지만 라합은 창문에 내건 그 붉은 줄 속에 담겨 있는 약속을 굳게 믿었다.

성이 와르르 무너져 내릴 때에도, 사람들이 혼비백산(魂飛魄散)하여 도망칠 때에도 이 약속을 굳게 붙잡고 붉은 줄을 매단 그 집을 떠나지 않았다.

무너지는 성에서 붙잡은 붉은 줄

믿음이란 무엇인가? 이 라합의 믿음은 도대체 무엇인가? 내 모습, 내 마음, 내 처지가 어떻다 할지라도 개의치 않고 붉은 줄을 바라보는 것, 이것 아닌가? 내 상황이 어떠하든지 붉은 줄을 포기하지 않는 것, 이것이 믿음이다.

 붉은 속옷이 아니라 붉은 줄이다. 부산 광복동에 롯데백화점이 들어섰는데 2009년 12월 17일 개장일에 약 20만 명이 찾았다고 한다. 그 손님들 중 많은 사람이 속옷 매장을 찾아 붉은 속옷을 사가는 바람에 '대박매출'을 올렸다고 한다. 빨간 속옷 매출액만 20여 억 원의 매상을 올렸다. 부산, 경남지방에서는 신규 오픈매장에서 빨간 속옷을 사면, 여자는 아들을 얻고 남자는 행운이 찾아든다는 속설이 있다고 한다. 그 빨간 속옷이 아니다. 미신으로 붉게 물든 빨간 속옷이 아니다. 라합이 붙든 것은 붉은 줄이다. 그럼 이 붉은 줄에는 무슨 상징이 있는가?

"그들이 거기서 예수를 십자가에 못 박을새 다른 두 사람도 그와 함께 좌

우편에 못 박으니 예수는 가운데 있더라"(요 19:18).

"그중 한 군인이 창으로 옆구리를 찌르니 곧 피와 물이 나오더라"(요 19:34).

십자가에서 피를 쏟으신 예수, 그분이 바로 붉은 줄이시다. 이 붉은 줄 되신 예수 그리스도를 바라보고 신뢰하는 자마다 구원을 얻을 것이다. 죄에서 자유를, 불안에서 평안을, 꽉 막힌 성 안에서 놓임을 받는 기적을 맛보게 될 것이다.

라합, 그녀는 불안과 두려움으로 벌벌 떨고 있었다. 더 이상 아무 것도 할 수 있는 게 없었다. 잠도 자지 못했고 얼굴에서 웃음이 사라진 지는 이미 오래였다. 한 발자국도 움직일 수 없었다. 하늘이 노랗고 아무 생각도 나지 않았다. 하지만 그 상황에서도 '붉은 줄'을 바라보았다. 그 '붉은 줄'을 붙잡았다. 라합은 생각했다. '저 붉은 줄이 나의 불안, 초조, 두려움을 해결해 줄 것이다. 다시 회복되는 역사가 나타날 것이다. 나는 다시 한 번 일어서게 될 것이다.' 비록 그녀의 삶이 하루하루 죄투성이였고 온몸이 갈기갈기 찢겨 부끄러웠지만, 더럽고 추악했지만 자신의 삶을 포기하지 않았다. '붉은 줄'을 붙잡았다. 바라보았다. 저 붉은 줄만 바라보면 내가 비록 말할 수 없는 죄인이라도 구원을 받을 수 있다고 확신했다. 그 연약한 줄에 담긴 약속을 굳게 믿었다. '이 성은 망할 것이다. 무너질 것이다. 하지만 나는 저 붉은 줄 때문에 살아나리라. 다시 새로운 인생의 길이 열리리라. 놀라운 일이 일어나리라.' 이것이 믿음이다. 바로 이것이 라합의 믿음이었다.

이제 알겠는가? 왜 성경이 믿음의 최고봉 자리에 라합을 앉혀 놓았는지, 왜 그녀를 믿음의 마지막 주자로 달리게 했는지 말이다. 모세 이후 여호수아가 얼마나 놀라운 일을 행했는가? 갈렙, 그 또한 얼마나 귀한 일을 행했는가? 르우벤, 갓, 므낫세 반 지파 모두 마찬가지로 귀한 일을 행했다. 그러나 저들은 단 한 사람도 등장하지 않는다. 오직 한 사람, 라합의 이름만 등장한다. 모세를 이은 믿음의 계보, 바통을 라합이 이어가고 있지 않는가!

교회에서 예배를 마치고 새가족 등록 장소로 가보니, 한 낯선 부부가 등록카드를 작성하고 있었다. 보통은 예배를 드리고 등록하는 것이 일반적인데, 이분들은 예배도 드려보지 않고 작성하고 있었다. 그들에게 다가갔다. 그들과 대화를 나누었다. 이분들은 교회라는 곳에 첫발을 내딛은 분들이었다. 이유가 있었다.

지난 2009년 10월 3일쯤 부부가 필리핀 실라라는 곳으로 여행을 갔다. 하루 일정을 마치고 마사지를 받았는데 그때 마사지를 해준 처녀가 이상하게 눈에 밟히고 마음에 남았다. 그래서 처녀의 사정을 알아보니 움막 같은 집에서 일곱 식구가 사는데 어머니가 중병에 걸려 있었다. 이 부부에게 처녀에 대한 측은한 마음이 일었다. "너, 한국에 가고 싶니?" "네, 가고 싶어요." 부부는 한국으로 돌아오자마자 연세대학교에 입학 허가를 받고, 다시 필리핀으로 가서 여러 서류를 구비하여 비자를 접수시키는 등, 수차례 필리핀을 오가며 일을 진행했다. 단지, 그 아이를 한국으로 데리고 와 공부시키고 싶은 일념이었다. 부부는 그 아이만 달랑 한국에 데려오지 않았다. 필리핀에 사는 가족의 집도 깨끗이 수리해 주고, 생계를 이어가도록 가게도 차려 주었다. 일주일 전에 한국에 데리고 왔다. 그런데 이 필리핀 아이가 자기는 교회에 다닌다고 했다. 하지만 이 부부에게 교회는 한 번도 가보지 않은 곳이었다. 할 수 없이 이리저리 알아보고 찾은 교회가 '충정교회'였다. 데리고 와서는 영어예배에 참석시키고 본인들도 기꺼이 등록했다.

이 필리핀 처녀에게 어느 날 갑자기 구원이 나타났다. 관광 온 한국인들의 좋지 않은 행동으로 상처를 받기도 했지만 그럼에도 불구하고 '붉은 줄', 예수 그리스도를 믿고 신뢰하며 기다렸다. 그러자 마치 라합에게 찾아온 두 정탐꾼과 같은 이 부부를 통해서 구원의 역사가 일어난 것이다. 놀랍지 않은가!

붉은 줄이신 예수를 붙잡으라

지금 어떤 처지에 놓여 있는가? 죄책감에 꽁꽁 묶여 있는가? 두려움에 벌벌 떨고 있는가? 지옥과 같은 곳에 감금되어 있는가? 예수님은 저 베들레헴 말구유의 아기 예수로, '붉은 줄'이 되시기 위해 오셨다. 그분을 바라보기만 하면 구원을 얻는다. 죄에서 자유를, 불안에서 평강을, 감금상태에서 해방을 맛본다.

"땅의 모든 끝이여 내게로 돌이켜 구원을 받으라 나는 하나님이라 다른 이가 없느니라"(사 45:22).

붉은 줄이신 그분은 어떤 경우에도 해답이 되신다. 간음하다가 현장에서 붙잡혀 돌로 쳐 죽임 당해 마땅한 자에게도 주님은 말씀하신다.

"대답하되 주여 없나이다 예수께서 이르시되 나도 너를 정죄하지 아니하노니 가서 다시는 죄를 범하지 말라 하시니라"(요 8:11).

사람들을 두려워하여 문을 닫고 벌벌 떨고 있는 자들에게 주님은 말씀하신다.

"이날 곧 안식 후 첫날 저녁 때에 제자들이 유대인들을 두려워하여 모인 곳의 문들을 닫았더니 예수께서 오사 가운데 서서 이르시되 너희에게 평강이 있을지어다"(요 20:19).
"예수께서 또 이르시되 너희에게 평강이 있을지어다 아버지께서 나를 보내신 것 같이 나도 너희를 보내노라"(요 20:21).

감옥 속에서 꼼짝할 수 없었던 바울과 실라에게도 놀라운 일이 일어났다.

"한밤중에 바울과 실라가 기도하고 하나님을 찬송하매 죄수들이 듣더라 이에 갑자기 큰 지진이 나서 옥터가 움직이고 문이 곧 다 열리며 모든 사람의 매인 것이 다 벗어진지라"(행 16:25-26).

나사렛 예수는 붉은 줄이시다. 이 붉은 줄을 삶의 현장에 내걸라. 그리고 바라보라. "십자가의 도가 멸망하는 자들에게는 미련한 것이요 구원을 받는 우리에게는 하나님의 능력이라"(고전 1:18)는 사실을 고백하기만 하면 놀라운 일들이 일어날 것이다. 하나님이 우리에게 요구하시는 것이 바로 이 믿음이다. 그대의 믿음은 어떤 것인가? 붉은 줄이신 그분이 지금 나의 모습, 나의 믿음을 어떻게 평가하고 계실지 생각해 보라. 십자가에서 날 위해 피 흘리셔서 친히 붉은 줄이 되신 주님은 지금 어떤 모습으로 나를 바라보고 계실까?

독일권의 금세기 최고 시인으로 평가받고 있는 라이너 마리아 릴케(Rainer Maria Rilke)는 체코에서 태어났다. 그가 태어나자마자 죽은 딸을 잊지 못하던 그의 어머니는 릴케가 여섯 살이 될 때까지 그에게 죽은 딸을 대신하여 여자 옷을 입혀 키웠다. 그가 아홉 살이 되었을 때 부모는 이혼했다. 열한 살에 소년군사학교에 입학하지만 약골이라 적응하지 못하고 퇴교한다. 릴케에게 군사학교시절은 감옥의 악몽 그 자체였다. 후에 그는 독일, 프랑스, 스위스로 전전하다 스위스에 안착한다. 이런 암흑기를 보내면서 지은 시가 하나 있다.

엄숙한 시간

- Rainer Maria Rilke

지금 세상 어딘가에서 누군가 울고 있다

세상에서 이유 없이 울고 있는 사람은

나를 위해 우는 것이다.

지금 세상 어딘가에서 누군가 웃고 있다

밤에 이유 없이 웃고 있는 사람은

나를 두고 웃는 것이다

지금 세상 어딘가에서 누군가 걷고 있다

정처도 없이 걷고 있는 사람은

나를 향해 오는 것이다

지금 세상 어딘가에서 누군가 죽어가고 있다

세상에서 이유 없이 죽어가는 사람은

나를 보고 있는 것이다

여기 '어딘가에서 누군가'는 과연 누구일까? 막연한 어떤 사람일까? 혹시, 주님은 아닐까? 나를 바라보시며 주님은 어떤 반응을 보이고 계실까? 나 때문에 울고 계실까, 아니면 비웃고 계실까(눅 12:20). 지금 나에게 다가오시는 주님이 보이는가? 십자가에서 아무 이유 없이 돌아가시며 나를 쳐다보시는 주님이 보이는가? 라합의 하나님이 나의 하나님이다. 라합을 믿음의 반열에 굳게 세우시며, 명문가를 이루게 하신 하나님의 역사가 내 삶의 현장에도 일어날 것이다. 믿음은 이런 상황에서 진가(眞價)를 발휘한다. 놀라운 기적을 일으킨다.

"우리가 사방으로 욱여쌈을 당하여도 싸이지 아니하며 답답한 일을 당하여도 낙심하지 아니하며 박해를 받아도 버린 바 되지 아니하며 거꾸러뜨림을 당하여도 망하지 아니하고 우리가 항상 예수의 죽음을 몸에 짊어짐은 예수의 생명이 또한 우리 몸에 나타나게 하려 함이라"(고후 4:8-10).

점검 CHECK

위기를 넘길 마지막 카드를 가졌는가? 무엇이 우리를 떨게 만드는가?
위기의 순간에 붉은 줄을 잡을 영적 안목을 가졌는가?

 수정 CHANGE

붉은 줄은 예수 그리스도다. 삶의 현장에 붉은 줄을 내걸라. 그리고 바라보라.
믿음은 언약을 붙잡는 것이다. 이 성은 무너져도 너는 살리라는 약속을 확신하라.

 주의 CAUTION

도망의 유혹을 극복하라. 도망은 도망일 뿐 구원이 아니다.

믿음 사용설명서

믿음으로 할 수 있는 놀라운 일들을 알려 주는 **친절한 안내서**

11장

시련의 칼바람에 맞서는 비공

(히 11:32)

움직이지 않는 것은 죽은 것이다

언젠가 편지 한통이 전달되었다. 4page 분량, 열어보니 글은 이렇게 시작되고 있었다. 편지를 공개해도 된다고 허락해 준 것에 감사한다.

> 어느 날 제 여동생이 하늘나라로 갔습니다. 6남매의 막내딸로 태어난 내 여동생은 1972년 중학교에 장학생으로 합격해 놓고 그렇게 입고 싶었던 중학생 교복도 입어보지 못하고 갔습니다. 우리 가족은 공허감 속에 살아가고 있었습니다. 윌리엄 폴 영의 『오두막』에서 딸 미시를 잃어버린 가족들의 슬픔과 어찌 다르겠습니까? 이 일로 우리 가족은 시골에서 예수쟁이라는 수군거림을 들어가며 교회를 다니기 시작했습니다. 어머니는 권사님으로 아버지는 장로님으로 본향으로 돌아가셨습니다. 저는 지금 출입이 통제된 아주 작은 1인실 병실에서 2박 3일간의 방사선 치료를 마치기 위해 지루한 시간을 보내고 있습니다. 한참을 지났다고 생각하고 시계를 보면 10분밖에 지나지 않았습니다. 1시간은 지난 것 같은데 말입니다.

한 남자 집사님의 고백이다. 1956년생. 전혀 예상치 못했던 갑상선암으로 국립암센터에서 수술을 받은 후 지금은 방사선 치료 중에 있다. 그의 고백은 이렇게 이어진다.

> 하나님은 저에게 두 번의 경고를 보냈습니다. 첫 번째 경고는 2001년 11월이

없습니다. 세상적으로 너무나 평안하게 살아가던 저에게 어느 날 갑자기 '뇌졸중' 증세가 나타났습니다. 그나마 다행이었습니다. 하나님께서 살짝 치셨던 것입니다. 두 번째 경고는 2009년 4월입니다. 주변에서 '암, 암' 하니 우리 부부도 검진 한번 받아보자고 갔었는데 '갑상선암'이라는 것이 아닙니까? 이럴 수가? 수많은 사람들이 암으로 고생하고 있지만 저는 아니라고 생각했습니다. 그러나 지금 깨닫습니다. 하나님이 처음 경고하실 때에도 살짝 치셨고, 이번에도 또 살짝 치셨다는 생각에 하나님께 감사하지 않을 수 없습니다. 큰딸은 중학교 3학년, 아들은 초등학교 6학년, 아직 어린 이 아이들을 위해서 할 일이 많은데 하나님의 살짝 치심에 다시 한 번 감사드립니다.

그의 글은 이렇게 끝나고 있다.

하나님의 첫 번째 경고에도 불구하고 저는 세상이 너무 좋았습니다. 하나님의 두 번째 경고 당시에도 믿음은 있다고 생각했습니다. 하지만 지금 깨닫습니다. 하나님은 저에게 '행함의 믿음'을 바라시는 것이었습니다. 옥성석 목사님이 말씀하시는 '동사형의 믿음'을 말입니다. 하나님은 저를 잠잠히 기다리고 계십니다. 제가 느낀 방사선치료 독방에서의 14시간이 아니라, 세례 후 29년째 기다리고 계십니다. 하박국의 '없을지라도'의 믿음을 더욱 키워 나가기를 소원합니다(합 3:17-19).

우리는 지금 진정한 믿음, 역사하는 믿음, 기적을 일으키는 믿음이 어떤 것인지를 놓고 고민하고 있다. 진정한 믿음은 역사를 일으킨다. 기적을 일으킨다. 왜냐하면 진정한 믿음은 하나님을 기쁘시게 하기 때문이다. 히브리서 11장에 등장하는 위대한 믿음의 선배들은 한결같이 하나님을 기쁘시게 해드리는 동사형의 믿음을 가진 자들이었다. 저들은 멍하니 바라보고만 있지 않았다. 저들은 움직였다. 어떤 이는 양을 쳤다. 어떤 이는 자녀를 낳았다. 어떤 이는 방주를 지었다. 어떤 이는 고향을 떠났다. 어떤 이는 웃었다. 어떤 이는 칭찬을 들었다. 저들의 믿음은 하나같이 보였다는 것이다. 움직였다. 믿음은 보여야 한다. 움직여야 한다. 믿음이란 씨앗이 땅에 떨어지면 어느 순간 단단한 땅을 뚫고 올라온다. 자라서 열매를 맺는다. 하지만 생명이 없는 씨앗은 더 이상 보이지 않는다. 보이지 않는 믿음은 그래서 죽은 믿음인 것이다.

"어떤 사람은 말하기를 너는 믿음이 있고 나는 행함이 있으니 행함이 없는 네 믿음을 내게 보이라 나는 행함으로 내 믿음을 네게 보이리라 하리라"(약 2:18).

"이와 같이 행함이 없는 믿음은 그 자체가 죽은 것이라"(약 2:17).

내 마음에 맞는 사람

그러면 우리가 하나님께 보여드려야 할 믿음은 어떤 것인가? 히브리서 11장에 등장하는 16명의 선진들 가운데 다윗을 주목하기 원한다. 다윗하면 자연스럽게 명철, 용맹이란 단어가 떠오른다. 하지만 다윗을 믿음의 사람이라고 부르지는 않는다. 그런데 성경은 그가 믿음의 사람이라고 선언한다(히 11:32). 다윗은 주전(主前) 1,000년경의 사람이다. 그 이후에 여러 사람들이 있었다. 엘리야, 엘리사, 다니엘, 이사야 같은 훌륭한 믿음의 선조들이 있었다. 그런데 이들의 이름은 거명되지 않는다. 성경은 다윗의 믿음으로 발자취를 끝낸다. 더 흥미로운 것은 다윗과 사무엘의 순서가 바뀐 점이다. 인물들을 나열할 때는 대체로 연대순으로 기록했다. 사무엘은 다윗보다 앞선 세대다. 그런데 사무엘보다 다윗을 앞세웠다. 무엇보다 다윗을 주목하게 된 것은 하나님께서 친히 그를 '내 마음에 맞는 사람'(행 13:22)이라고 말씀하시며 그의 믿음을 인정하셨다는 사실이다.

　이 다윗의 믿음은 어떤 믿음일까? 하나님의 마음에 합한 믿음, 하나님을 기쁘시게 해드린 다윗의 믿음은 과연 어떤 믿음이었을까? 다윗의 생애는 사무엘상, 하, 역대상에 걸쳐서 기록되어 있다. 그러나 '믿음'과 관련하여 '이것이다', '바로 이것이 다윗의 믿음이다' 하고 무릎을 칠만한, 그 어떤 것을 발견하지 못했다. 고개를 갸우뚱하며 의아해하던 중에 다윗의 행적이 기록되어 있는 또 다른 책을 생각해 내었다. 어느 책인가? 그렇다. 시편이다. 사실, 시편만큼 다윗의 중심이 적나라하게 표출된 곳도 없다. 그중에서 다윗의 중심이 가장 잘 표현된 시는 어떤 시일까를 고민하며 시편을 읽던 중 23편에 이르렀다. 눈이 번쩍 뜨였다. 왜냐하면 시편 23편이야말로 그의 믿음이 표현되는 현장이었기 때문이다. 시편 23편에서 다윗의 믿음을 보았다. 하나님께서 왜 '내 마음에 맞는 사람'이라고 칭찬하셨는지 이해할 수 있었다.

그래서 많은 사람들이 이 시편 23편을 놓고 그들이 표현할 수 있는 모든 수사법(修辭法)을 다 동원하여 극찬을 아끼지 않는다. "이 시편은 세계종교문학에서 최고의 위치를 차지하여 왔다"(Taylor). "이 작은 시편은 진정한 평화와 고요한 즐거움을 말해 주는 너무나 아름다운 전원시다"(Ralinson). "이 시편 23편은 신념의 시, 폭풍 같은 시다"(Briggs). 그렇다. 이 시는 하나님을 향한 신앙의 진수가 용해되어 있는 시편 중의 시편이다. 때문에 많은 사람들이 이 말씀을 통해서 위로를 받고 격려와 힘을 얻는다. 그래서인지 대부분의 성도들이 이 시편 23편을 외우고 있다. 만일 못 외우면 간첩일 수 있다.

6.25 당시 거제도에는 포로수용소가 있었다. 많은 인민군포로가 수용되어 있었다. 그런데 어느 날 미군 군목(軍牧)이 들어와서는 "이 중에 예수 믿는 사람이 있다면 석방시켜주겠다. 손들고 나와라" 하고 말했다. 제법 많은 사람들이 예수 믿는다고 나왔다. 군목은 밀실에서 한 사람 한 사람을 면담하기 시작했다. 무엇으로 예수 믿는지를 가려내

었을까? 한 인민군 포로도 엉겁결에 손을 들고 나왔다. 사실 그는 예수를 믿지 않았다. 드디어 차례가 되어 개인 면담실에 들어갔다. 그때 군목이 먼저 물었다. "자네, 정말 예수 믿는가?" 그 인민군 포로가 대답했다. "예." 다시 군목의 주문이 이어진다. "그렇다면 평소에 좋아하는 찬송가나 성경말씀을 한번 외워 보게." 그 인민군 포로는 등에 땀이 났다. 그러다가 자기는 교회에 나가지 않았지만 예수 믿는 아내가 즐겨 부르던 찬송가 가사를 겨우 떠올렸다. 그는 손을 들었다. 그리고 이렇게 불렀다. "천부여 의지 없어서 손들고 옵니다. 주 나를 외면하시면 나 어디 가리까"(찬송가 280장). 자기도 모르게 눈물이 줄줄 흘러내렸다. 그러자 그 군목도 감동을 받아 그만하라고 했다. 사실 그 다음 가사는 모르는데 말이다. 그래서 그가 석방되었다는 것이 아닌가! 우리가 하나님의 심판대 앞에 설 때 우리가 예수 믿는다는 것을 무엇으로 테스트하실까? "네가 평소에 붙잡고 기도하던 성경말씀이 무엇인지 한번 외워 보거라." 이렇게 하실 것 같다. 시편 23편을 꼭 외우자. 무엇보다 이 시편 23편을 통해서 다윗의 믿음을 본받는 자 되기를 힘쓰자.

시편 23편

미국에서 샐러리맨의 우상으로 통하는 한 사업가가 있었다. 그저 말단사원에 불과했던 그가 승진에 승진을 거듭하여 사장이 되었다. 중책을 맡은 그에게 어느 날 이상한 증상이 찾아 왔다. 아픈 곳은 없는데 힘이 없고 잠을 이루지 못하면서 빼빼 말라갔다. 의욕은 사라지고 아무리 좋은 음식을 먹어도 맛있는 줄 몰랐다. 사람 만나는 것이 귀찮아지고 병원에 가서 정밀검사를 해도 나오는 것이 없었다.

결국 그는 정신과 전문의를 찾았다. 오랜 시간 면담한 의사는 이렇게 말했다. "나는 당신을 고칠 수가 없소. 휴스턴에 가면 휴스턴감리교회가 있는데 그 교회 담임이신 '찰스 알렌' 목사님을 찾아가 뵙고, 상담을 하시오." 이 이상한 처방을 받은 그 사장은 즉시로 알렌 목사님께 면담을 신청하고 마주 앉았다. 이런 저런 얘기들을 듣던 이 목사님은 종이를 한 장 꺼내더니 몇 마디 적어 주며 말했다. "자, 이것이 내 처방전이요. 이대로 꼭 실천하시오. 그러면 건강을 깨끗이 회복할 것이오." 처방전에는 이렇게 쓰여 있었다. "시편 23편을 하루에 다섯 번씩 단 두 주간 동안만 읽으세요." 의외의 요청에 그는 목사님을 쳐다보았다. 목사님은 진지하게 말했다.

"선생님에게는 이 처방밖에 없습니다. 하루에 다섯 번이라는 것은 아침에 일어나서 한 번, 아침식사 후에 한 번, 점심식사 후에 한 번, 저녁식사 후에 한 번, 그리고 주무시기 전에 한 번입니다. 읽으실 때 조심스럽게 그야말로 기도하는 마음으로 이 말씀이 나와 무슨 상관이 있나 하는 것을 생각하며 읽으셔야 합니다. 바쁘다고 해서 너무 빨리, 혹은 생각 없이 대충 읽어서는 안 됩니다. 한 구절 한 구절 말씀을 음미해 가면서 그야말로 마음 판에 새기면서 읽어야 합니다. 아마 이렇게 두 주간만 계속하시면 놀라운 일이 일어날 것입니다."

그리고 두 주 후 그 사장의 건강은 씻은 듯이 회복되었다. 이 시편 23편을 암송하는 자들에게 동일한 은혜가 나타날 줄 확신한다.

시편 23편이 다윗이 쓴 시라는 점에 있어서는 이론(異論)의 여지가 없다. 중요한 것은 다윗이 언제, 어떤 상황에서 이 시를 썼는가 하는 점이다. 첫째는, 다윗이 왕이 되기 전, 목동 시절에 이 시를 썼다는 견해가 있다. '선한 목자', '풀밭', '푸른 초장' 이런 단어들은 목동만이 쓸 수 있는 단어이며, 사울 왕에게 쫓겨 다닐 때는 '사망의 음침한 골짜기', '원수의 목전'이라는 표현이 잘 어울리기 때문이다. 그는 그때 한 치 앞을 내다볼 수 없는 캄캄하고, 어렵고, 또 위험한 상황에 처해 있었다. 그 상황에서 이 시를 노래했다는 견해다.

둘째는 정반대의 견해다. 다윗이 왕으로 등극했을 때, 즉 즉위식(即位式) 때 이 시를 지었다는 견해가 있다. 그렇게 보는 견해는 '부족함이 없다', '상을 베푸신다', '내 잔이 넘친다' 이런 표현 때문이다. 최고의 권좌에서 부귀와 영화를 누리는 왕이 아니고서는 이런 표현을 할 수가 없다고 보기 때문이다. 어느 정도 일리가 있다.

나는 이 글을 읽는 독자들이 어느 쪽 견해를 지지할지 궁금하다. 두 견해 다 일리가 있다. 그러나 나는 이 두 견해와는 좀 더 다른 견해를 가지고 있다. 그것은 이 시편 23편의 주제 때문이다. 이 시의 주제가 무엇이라고 보는가? 이 시의 어느 부분에서도 불평이나 원망을 찾아볼 수 없다. 부정적이거나 절망적인 분위기도 전혀 감지할 수 없다. 처음부터 끝까지, 아니 매 구절 구절마다 감사, 감사, 감사다. '부족함이 없으리로다', '내 잔이 넘치나이다.' 그래서 이 노래가 이렇게 깊은 감동을 주는 것이다.

그러면 그가 언제 하나님을 향하여 가장 기뻐하고 즐거워하며 감사를 드렸는가? 법궤를 다윗 성으로 옮길 때(삼하 6:14)였는가? 그때도 그는 하나님 앞에서 기뻐하고 즐거워하며 뛰놀았다. 하지만 '감사'했다는 표현은 없다. 그러면 언제 기뻐하며 감사했는가?

"백성들은 자원하여 드렸으므로 기뻐하였으니 곧 그들이 성심으로 여호와께 자원하여 드렸으므로 다윗 왕도 심히 기뻐하니라 다윗이 온 회중 앞에서 여호와를 송축하여 이르되 우리 조상 이스라엘의 하나님 여호와여 주는 영원부터 영원까지 송축을 받으시옵소서 여호와여 위대하심과 권능과 영광과 승리와 위엄이 다 주께 속하였사오니 천지에 있는 것이 다 주의 것이로소이다 여호와여 주권도 주께 속하였사오니 주는 높으사 만물의 머리이심이니이다 부와 귀가 주께로 말미암고 또 주는 만물의 주재가 되사 손에 권세와 능력이 있사오니 모든 사람을 크게 하심과 강하게 하심이 주의 손에 있나이다 우리 하나님이여 이제 우리가 주께 감사하오며 주의 영화로운 이름을 찬양하나이다"(대상 29:9-13).

그렇다. 바로 이 현장이다. 이때가 언제인가? 생의 끝자락이다. 생의 끝자락에서 이 시편 23편을 올려드리고 있다. 그렇지 않은가? 그는 지금까지 한평생 삶을 영위해 오는 동안 숱한 일들을 경험했다. 그야말로 푸른 초장, 사망의 음침한 골짜기들을 수없이 경험했다. 이 모든 경험들을 다한 후에 이 시를 기록하고 있다는 말이다. 그래서 확신한다. 시편 23편은 바로 이때 하나님께 올려드린 시라고 믿는다.

원수의 목전에서도 당당한 비결

그러면 구체적으로 그가 어떤 상황을 떠올리며 감사하고 있는가? 시편 23편을 보면 여섯 개의 장소, 혹은 지명이 소개되고 있다. 푸른 풀밭(2절), 쉴 만한 물가(2절), 의의 길(3절), 사망의 음침한 골짜기(4절), 원수의 목전(5절), 여호와의 집(6절)이다. 이것은 다윗이 일생 동안 삶을 영위해 오는 과정에서 경험한 다양한 정황들의 상징적 표현이다. 그런데 더 자세히 보면 이 여섯 개의 장소가 두 개씩 서로 짝을 이루고 있는 것을 발견할 수 있다. 푸른 풀밭과 쉴 만한 물가, 사망의 음침한 골짜기와 원수의 목전, 그리고 의의 길과 여호와의 집이 서로 짝을 이룬다. 한마디로 좋은 환경과 어려운 환경, 그리고 신앙의 여정(旅程)을 뜻한다. 그 모든 과정에서 하나님은 나를 지켜주셨고, 인도하셨고, 보호하시고, 축복하셨다. 정말 선한 목자가 되셨다. 이 사실로 인해 기뻐하며, 즐거워하면서 감사한다. 하나님의 영화로운 이름을 찬양하고 있다.

그러면 다윗이 감사한 구체적인 내용은 무엇인가? 그는 먼저, '푸른 풀밭'과 '쉴 만한 물가'로 인해 '감사'한다. 여기 '푸른 풀밭', '쉴 만한 물가'는 어떤 환경을 뜻하는가? 양이 살아갈 수 있는 최상, 최고의 풍요롭고 만족할 만한 환경이다. 양 스스로는 이런 푸른 풀밭, 쉴 만한 물가를 찾아갈 수 없다. 오직 목자(牧者)이신 하나님만이 그곳으로 인도하여 이 아름답고, 풍요로운 환경에서 먹고, 쉬게 하시며, 마음껏 마셔 목마름이 없도록 해주실 수 있다. 다윗은 이 사실을 기억하고 감사하고 있다.

모든 일들이 잘 풀려나가는가? 물질적으로 풍요롭고, 넉넉한가? 염려할 일도, 걱정할 부분도 없는가? 주변 사람들이 부러워할 정도로 즐기며, 누리며, 쓰며, 먹으며, 입으며, 자랑하며 살아가고 있는가? 누가 주셨는가? 누가 그 모든 것들을 쥐어 주셨는가? 그 물질, 그 건강, 그 자리, 그 행복을 누가 주셨는가? 누구의 인도로 거기까지 이르렀는가?

"온갖 좋은 은사와 온전한 선물이 다 위로부터 빛들의 아버지께로부터 내려오나니 그는 변함도 없으시고 회전하는 그림자도 없으시니라"(약 1:17).

그렇다. 내가 지금 누리고 있는 이 모든 것들은 하나님께로부터 내려온 것이다. 모든 것이 하나님의 은혜다. 이 사실을 중심으로 인정하는 사람은 '푸른 풀밭', '쉴 만한 물가'에서 거들먹거리지 않는다. 목자이신 하나님을 기억한다. 그리고 이렇게 고백하지 않을 수 없다.

> "내게 주신 모든 은혜를 내가 여호와께 무엇으로 보답할까 내가 구원의 잔을 들고 여호와의 이름을 부르며 여호와의 모든 백성 앞에서 나는 나의 서원을 여호와께 갚으리로다"(시 116:12-14).

두 번째, 다윗은 '사망의 음침한 골짜기'와 '원수의 목전'으로 인해서도 감사한다. 여기 사망의 음침한 골짜기, 그리고 원수의 목전이란 어떤 환경일까? 인간이 경험할 수 있는 가장 어렵고, 힘든 상황을 뜻한다. 그야말로 가시밭 한가운데, 매일 죽음의 공포에 시달리는 그런 환경에 던져진 상태다.

핏덩이 자식을 가슴에 묻어야 했다. 믿었던 자식으로부터 배신당했다. 후궁들이 백주(白晝)에 겁탈당했다. 왕위를 빼앗겨 도망쳐야 하는 기막힌 신세가 되었다. 그런 환경에서도 다윗은 하나님께 감사한다. 그대는 지금 어떤 환경에 던져져 있는가? 이런 상황을 가정해 보자. '악성종양선고를 받았다. 당신의 사업은 부도났고 사채업자가 깡패들을 동원하여 가족들을 위협하고 있다. 신용불량자가 되어 파산신청을 해야만 하는 상황에 놓여 있다. 한 끼 식량을 걱정해야 하며, 버스 한 번 타는 데도 호주머니 사정을 걱정 해야 할 판이다. 사랑하는 가족을 먼저 떠나보냈는데 나마저 길어야 6개월 선고를 받았다. 홀로 황량한

들판에 서 있는 상황이다.' 바로 이 사망의 음침한 골짜기 같고 원수의 목전과 같은 상황에서 다윗은 입을 연다. "감사합니다. 감사합니다." "내 잔이 넘칩니다. 감사합니다." 바로 이 감사가 하박국의 감사요, 욥의 감사다.

> "비록 무화과나무가 무성하지 못하며 포도나무에 열매가 없으며 감람나무에 소출이 없으며 밭에 먹을 것이 없으며 우리에 양이 없으며 외양간에 소가 없을지라도 나는 여호와로 말미암아 즐거워하며 나의 구원의 하나님으로 말미암아 기뻐하리로다"(합 3:17-18).

욥의 아내도 자식들이 잘되고, 남편이 건강하고, 사업이 번창할 때는 하나님을 잘 경외하는 자처럼 행세했다. 그런데 어느 날 시련의 칼바람이 닥쳤다. 감당할 수 없는 폭풍이었다. 그 폭풍은 모든 것을 다 쓸어갔다. 자식도, 재산도 모두 다 쓸어가 버렸다. 남아 있는 것이라고는 병든 남편뿐이다. 그러자 욥의 아내는 남편을 향해 소리쳤다. "하나님 욕하고 죽어버려!" 그러나 욥은 무엇이라고 대답하는가? "주신 이도 여호와시요 거두신 이도 여호와시오니 여호와의 이름이 찬송을 받으실지니이다"(욥 2:21). 무엇인가? 하나님에 대한 원망인가? 아니다. 감사다.

좋은 환경에서의 감사도 귀하다. 그러나 이렇게 어려운 상황 속에서 하나님을 바라보며 드리는 감사는 진정 향기롭고, 차원 높은, 그야말로 빛나는 제사임에 틀림없다. 지금 어떤 환경에 처해 있는가? '사망의 음침한 골짜기' 한가운데에 있는가? '원수의 목전'에 서 있는가? 그 자리에서 감사해 보라. 하나님의 기적을 맛보게 될 것이다.

마지막으로, 다윗은 '의의 길', '여호와의 집'으로 인도해 주심을 감사한다. 여기에 '의의 길'은 무엇이며, 영원히 거할 '여호와의 집'은 어디에 있는 집인가? 의의 길은 믿음의 길을 뜻한다. 여호와의 집은 그 믿음의 길 종착역에 있는 천국을 뜻한다. 이로 볼 때 이 두 가지는 우리가 소유한 믿음을 뜻한다. 믿음으로 말미암아 내가 의의 길을 걸어갈 수 있도록 해주시고, 궁극적으로는 내 아버지의 집, 저 천국에 이를 수 있게 해주심을 감사하고 있다. 다윗은 주변의 환경, 처지 때문에 울고 웃기보다는 금보다 귀한 믿음으로 하나님께 감사드린다.

한때 저주의 섬, 버려진 섬, 생각만 해도 손끝이 떨려오는 섬, 저 소록도에 남성교회가 있다. 몇 해 전까지만 해도 교인이 50여 명이었는데, 지금은 30명이 채 못 되고 계속 그 교인이 줄고 있다. 많은 분들이 하늘나라로 가셨고 또 가시고 있기 때문이다. 이 교회에 오늘도 매주일 예배 때 피아노 반주를 하는 집사님이 한 분 계신다. '하인종 집사님'(78세)이다. 그의 장애는 유별나다. 열 손가락은 이미 다 날아가 버린 지 오래다. 남은 것은 손목뿐이다. 물론 두 발도 없다. 그런 몸으로 예배 때마다 힘겹게 피아노 의자에 오르고 내리면서 반주하고 계신다.

20대 청년 때 이 섬에 들어오면서 그는 세상의 모든 꿈을 접었다.

가족과의 생이별, 고향 떠나 정처 없이 떠돌며 살았던 유랑 인생, 회복할 수 없는 육체적 파괴 때문에 사람들로부터 멸시와 천대를 받아야 했다. 참으로 한 많은 인생, 모진 50년 세월을 달려왔다. 3년 전에는 척추염을 앓아 병원에서도 죽을 사람으로 내놓았다. 한 많은 인생, 여기가 끝인가 했는데, 어느 집사님의 도움으로 치료를 받아 기적적으로 살아났다. 그 은혜에 보답하는 마음으로 피아노로 예배를 돕고 있다.

이런 그에게 누군가가 다가가 묻는다. "하 집사님, 요즘에는 어떤 찬송을 즐겨 부르십니까?" "예, 저는 찬송가 373장을 즐겨 부릅니다. 301장도 좋고요." 구원에 대한 감사요, 하늘나라 소망에 대한 감사다. 한센 병으로 사지(四肢)가 다 잘려나갔지만 그래도 주님께 드릴 것은 이것뿐이라며 주일만 아니라 새벽에도, 밤에도 빠짐없이 나와 손가락이 아닌, 남아 있는 손목으로 반주하며 '의의 길', '아버지의 집'으로 들어갈 수 있는 믿음 주심에 감사의 제사를 올린다.

> "금보다 귀한 믿음은 참 보배 되도다. 이 진리 믿는 사람들 다 복을 받겠네"
> (찬송가 450장 4절).

> "너희 믿음의 확실함은 불로 연단하여도 없어질 금보다 더 귀하여 예수 그리스도께서 나타나실 때에 칭찬과 영광과 존귀를 얻게 할 것이니라"
> (벧전 1:7).

내가 새가족 심방을 할 때, 처음으로 방문하는 가정에서는 예외 없이 이 시편 23편으로 심방예배를 시작한다. 이 가정에 하나님의 풍성한 은혜가 나타났으면 하는 간절한 마음이 있기 때문이다.

좋을 때나 나쁠 때나 ☐ 하라

자, 그럼 다윗의 믿음은 어떻게 표현되었는가? 저 네모 안에 무엇을 채울 것인가? 그것은 감사다. 다윗은 푸른 풀밭, 쉴 만한 물가에서 감사했다. 사망의 음침한 골짜기, 원수의 목전에서도 감사했다. 의의 길, 여호와의 집으로 인해 감사했다. 이런 저런 환경과 처지에서 감사를 놓치지 않는 다윗을 하나님께서는 어떻게 대우하셨는가? 기가 막힐 웅덩이와 시망의 음침한 골짜기에서 건져주셨다. 뿐만 아니라 그를 저 목동의 자리에서 이스라엘의 위대한 왕으로 세워주셨다. 무엇이 그를 그렇게 만들었는가? 감사다. 감사는 기적을 창조한다.

그런데 이 다윗의 감사는 단지 입술의 감사로 끝나지 않는다. 그는 자신의 감사를 물질로 표현했다.

"나와 내 백성이 무엇이기에 이처럼 즐거운 마음으로 드릴 힘이 있었나이까 모든 것이 주께로 말미암았사오니 우리가 주의 손에서 받은 것으로 주께 드렸을 뿐이니이다"(대상 29:14).

"나의 하나님이여 주께서 마음을 감찰하시고 정직을 기뻐하시는 줄을 내가 아나이다 내가 정직한 마음으로 이 모든 것을 즐거이 드렸사오며 이제 내가 또 여기 있는 주의 백성이 주께 자원하여 드리는 것을 보오니 심히 기쁘도소이다"(대상 29:17).

이렇게 자신의 믿음을 감사로 표현한 다윗에게 어떤 일이 일어났는가?

"솔로몬이 여호와께서 주신 왕위에 앉아 아버지 다윗을 이어 왕이 되어 형통하니 온 이스라엘이 그의 명령에 순종하며 모든 방백과 용사와 다윗 왕의 여러 아들들이 솔로몬 왕에게 복종하니 여호와께서 솔로몬을 모든 이스라엘의 목전에서 심히 크게 하시고 또 왕의 위엄을 그에게 주사 그 전 이스라엘 모든 왕보다 뛰어나게 하셨더라"(대상 29:23–25).

믿음을 감사로 표현하는 자는 형통한 축복을 받는다. 특별히 자녀들이 잘되는 축복을 받는다. 감사로 믿음을 하나님 앞에 표현하라. 그래서 다윗이 받았던 복을 그대도 받는 은혜를 누리라.

"믿음이 없이는 하나님을 기쁘시게 하지 못하나니 하나님께 나아가는 자는 반드시 그가 계신 것과 또한 그가 자기를 찾는 자들에게 상 주시는 이심을 믿어야 할지니라"(히 11:6).

"감사로 제사를 드리는 자가 나를 영화롭게 하나니 그의 행위를 옳게 하는 자에게 내가 하나님의 구원을 보이리라"(시 50:23).

점검 CHECK

인간은 약하다. 실직, 중병, 사별… 시련이 닥쳐서야 깨달아지는 것은 무엇인가? 어떤 상황에서도 감사할 수 있는가? 그럴 때 어떤 미래가 보장되어 있는가?

 수정 CHANGE

시련이 오기 전 하나님을 기억하라. 시련 중에 있거든 하나님의 음성을 들으라. 믿음은 감사하는 것이다. 어떤 환경에 처했든 감사하라. 감사는 기적을 창조한다.

 주의 CAUTION

입술로만 감사를 끝내지 마라. 마음을 전할 뭔가를 하라.

12장

춤추는 고래로 살아가는 법

(히 11:36-38)

평생 잊지 못할 사건

히브리서의 저자가 누구일까? 히브리서는 신약 27권 가운데 유일하게 저자 문제가 확실하게 정리되지 않은 책이다. 이 책의 저자가 누구인지를 놓고 지금도 학자들 간에 열띤 논쟁이 있다. 그런데 흥미로운 것은 논쟁의 핵심이다. 한편에서는 '히브리서의 저자는 바울이 확실하다'고 하고 또 한편에서는 '바울이 아닌 것 같다'고 주장한다. 자세히 말하면 '바울이 아니라 A이다'가 아니라 '저자가 누구인지는 모르지만, 바울은 아닌 것 같다'이다. 이것이 논쟁의 핵심이니 흥미롭지 않은가? 반대쪽에서도 일차적으로는 바울의 저작권에 무게를 두고 있다는 뜻이다.

이렇게 이견(異見)이 쉽게 좁혀지지 않는 이유는 바울이 쓴 다른 12권의 서신들과는 달리 히브리서에는 수신자와 발신자에 대한 언급이 생략되어 있기 때문이다. 이런 형식의 차이점 때문에 고개를 갸우뚱하고 있는 것이다. 하지만 주후(主後) 150년경에 쓰인 것으로 알려지고 있는 초기 사본에서 발견되는 이 책 이름이 '히브리인들에게 보낸 바울의 서신', 혹은 '거룩하고 항상 존경할 사도 바울이 히브리인들에게 보낸 편지'로 기록되어 있다. 그런데 이름이 너무 길다보니 시간이 흐르면서 풀 네임(Full Name)보다는 간단히 '히브리서'라는 책으로 전해 내려온 것으로 추정된다. 그래서 초대 알렉산드리아 교부였던 클레멘트(Clement of Alex, 195년경)가 본서를 가리켜, "바울이 히브리어로 기록

214

한 것을 누가가 헬라어로 번역하였으며, 그가 이름을 밝히지 않은 이유는 이방인의 사도로 부름을 받았기 때문이었다"(Eusebius. H. E. vi.14)라고 한 주장을 학계에서는 무게 있게 받아들이고 있다. 유명한 교부 오리겐(Origen)도 "본서를 누가 기록했는지는 오직 하나님만이 아신다. 하지만 본서의 사상은 분명 바울의 것이다"라고 말한바 있다. 결국 지금까지의 주장을 요약하면 이것이다. "히브리서의 저자가 바울이라는 심증은 있지만 결정적인 물증이 없다. 그렇다고 해서 바울이 아닌 그 어떤 사람이라고 주장할 수 있는 근거는 더더군다나 없다." 그래서 나는 개인적으로 히브리서의 저자가 바울이라는 견해에 지지를 표한다.

왜 '믿음'을 다루면서 뜬금없이 저자 문제를 거론하는가? 이유가 있다. 히브리서 11장 37절 말씀 때문이다. 그 중에서도 특히 '돌로 치는 것'이라는 표현이 눈길을 끌기 때문이다. 나는 바로 이 표현 때문에 히브리서의 저자가 바울이라는 심증을 굳힌다. 히브리서 11장 전체의 문장구조를 눈여겨보자. 히브리서 11장 1절부터 32절까지는 구약시대를 살았던 믿음의 선조들에 관한 기록이다. 그런데 32절은 이렇게 끝내고 있다.

"내가 무슨 말을 더 하리요 기드온, 바락, 삼손, 입다, 다윗 및 사무엘과 선지자들의 일을 말하려면 내게 시간이 부족하리로다"(히 11:32).

사실, 저자는 이 32절로 히브리서 11장의 본론을 끝맺으려 했던 것 같다. 그러다가 성령의 감동으로 글을 더 이어나간다. 그것이 33절부터 38절까지이다. 이어지는 39절을 주목하라.

"이 사람들은 다 믿음으로 말미암아 증거를 받았으나 약속된 것을 받지 못하였으니 이는 하나님이 우리를 위하여 더 좋은 것을 예비하셨은즉 우리가 아니면 그들로 온전함을 이루지 못하게 하려 하심이라"(히 11:39-40).

이렇게 볼 때 히브리서 11장 33절부터 38절까지는 괄호로 처리하고 32절에서 바로 39절로 넘어가면 문장 전체가 매끄럽다. 그런데 성령께서 33절부터 38절까지 말씀을 계속 이어나가도록 감동하신 것 같다. 그래서 저자는 펜(pen)을 다시 들었다.

그런데 이어지는 내용을 자세히 보면, 앞부분과 다른 점을 발견한다. 첫째, 앞부분은 구약시대를 살았던 믿음의 선진들을 소개했다. 그런데 이번에는 신약시대를 살았던 믿음의 선진들을 소개하고 있다. 또 하나 다른 점은 앞부분은 실명(實名)을 소개했다. 그러나 뒷부분은 실명을 밝히지 않는다. 그래서 누구를 언급하는지 알 길이 없다. 왜 이름을 밝히지 않았을까? 저자가 바울인지는 확실치 않지만 그가 지금 언급하는 사람들은 저자와 동시대의 사람들이다. 그런데 그 시대에 살면서 같은 시대를 사는 사람을 평가하기는 사실상 무리다. 왜냐하면 주관적인 생각이 개입될 수 있기 때문이다. 그래서 일부러 이름을 밝히지 않는 것은 아닐까?

그렇다고 하더라도 히브리서 11장 37절에 '돌로 치는 것', 즉 돌로 쳐 죽임 당한 사람을 언급하고 있다. 누구일까? 예수 믿다가, 복음 때문에 돌로 쳐 죽임을 당한 사람은 과연 누구일까?

> "그들이 큰 소리를 지르며 귀를 막고 일제히 그에게 달려들어 성 밖으로 내치고 돌로 칠새 증인들이 옷을 벗어 사울이라 하는 청년의 발 앞에 두니라 그들이 돌로 스데반을 치니 스데반이 부르짖어 이르되 주 예수여 내 영혼을 받으시옵소서 하고 무릎을 꿇고 크게 불러 이르되 주여 이 죄를 그들에게 돌리지 마옵소서 이 말을 하고 자니라 사울은 그가 죽임 당함을 마땅히 여기더라"(행 7:57-8:1).

바울, 그가 평생을 두고 잊지 못했던 사건이 무엇일까? 그중 하나는, 다메섹 도상(途上)의 사건일 것이다(행 9:1-19). 그 환한 낮에 홀연히 하늘로부터 빛이 비치는 순간 그는 땅에 엎드러졌다. "사울아, 사울아 네가 어찌하여 나를 박해하느냐?" "주여, 누구시니이까?" "나는 네가 박해하는 예수라." 너무나 충격적인 사건이었기에 눈을 떴으나 아무것도 보지 못하는 소경이 되었다. 사흘 동안 보지도 못하고, 먹지도 못하고, 마시지도 못했다(행 9:9). 이 다메섹 사건은 평생 동안 잊을 수 없었다. 그래서 가는 곳마다 이 사건을 간증했다(행 22:2-11, 26:12-18).

또 하나, 그가 눈을 감는 순간까지 잊지 못했던 사건이 무엇이었을까? 그것은 죄 없는 스데반을 돌로 쳐 죽여도 좋다고 하며 증인을 선 사건일 것이다(행 7:58). 사람을 죽이되 돌로 쳐 죽이는 것, 이 얼마나 잔인하고, 끔찍한 방법인가? 그것도 죄 없는 사람을 말이다.

어렸을 때의 일이다. 이웃집 아저씨가 자기가 기르던 개를 감나무에 매달아 죽이던 것을 목격했다. 나는 그 장면을 평생 잊지 못한다. 그 사정없이 내려치던 몽둥이를 잊지 못한다. 아무리 많은 세월이 흘러도 마찬가지일 것이다.

만일, 히브리서를 바울이 기록했다면 '돌로 치는 것', 이 말은 누구를 떠올리며 쓴 것이었을까? 그렇다. 스데반이다. 스데반이 틀림없다. 그때 누가 주도적인 역할을 했었는가? 바울이다. 만일 히브리서 11장에 신약시대 사람들 가운데 믿음의 선조들도 실명으로 언급하도록 성령께서 허락하셨다면, 그는 누구를 제일 먼저 언급했을까? 스데반이다. 스데반은 초대교회 제일의 순교자였기 때문이다. 그는 분명 믿음의 사람이었다. 이 사실을 성경은 분명히 증언하고 있다. 그는 구체적으로 어떤 사람이었던가? 사도행전 6장을 보라.

파(派)는 파(破)를 부른다

사도행전 6장은 당시 초대교회의 모습을 엿보게 한다. 초기 예루살렘 교회는 너무너무 아름다운 모습이었다. 저들은 물건을 서로 통용하고, 재산을 나누어 주고, 또 날마다 마음을 같이했다. 집에서 떡을 떼며, 기쁨과 순전한 마음으로 음식을 나누어 먹었다. 세상 사람들을 향하여 신선한 도전을 던져주는 그런 교회였다. 그런데 그 일을 누가했느냐?

"믿는 사람이 다 함께 있어 모든 물건을 서로 통용하고"(행 2:44).

여기서 놓치지 말아야 할 것은 교회가 이런 일을 하지 않았다는 사실이다. '믿는 사람'이 그런 일을 했다. 그런데 여기서 보면 '믿는 사람들'이라고 복수를 쓰지 않고 '믿는 사람'이라는 단수(單數)를 쓴다. 이것은 믿는 사람, 하나하나가 이 일에 솔선수범했다는 말이다. 교회가 나서서 한 것이 아니다. 그 교회에 소속된 한 명, 한 명이 각자의 위치에서 이 일들을 감당했다. 무슨 의미가 있는가? 저들은 교회가 자신들을 위해서 존재한다고 생각하지 않았다. 자신들이 교회의 일원으로서 이 일들을 당연히 해야 한다고 생각한 것이다.

그런데 사도행전 6장에 와서 보면 교회에 문제가 생겼다. 서로 원망하고, 불평하는 좋지 못한 일이 일어났다. 파(派)가 생겨 서로를 향하여 손가락질하는 일이 일어났다.

"그때에 제자가 더 많아졌는데 헬라파 유대인들이 자기의 과부들이 매일의 구제에 빠지므로 히브리파 사람을 원망하니"(행 6:1).

교회의 성도가 점점 많아지면서 한 공동체 안에 보이지 않게 두 파(派)가 생겨나기 시작했다. 이름 하여 헬라파와 히브리파다. '파'(派)라는 단어가 무척이나 눈에 거슬린다. 파가 생기면 문제가 생기기 때문이다. 고린도 교회가 그러하지 않았던가?

"내가 이것을 말하거니와 너희가 각각 이르되 나는 바울에게, 나는 아볼로에게, 나는 게바에게, 나는 그리스도에게 속한 자라 한다는 것이니"(고전 1:12).

그러면 여기서 말하는 헬라파 유대인이나 히브리파 유대인은 어떤 사람들인가? 먼저, 이스라엘이 처한 지정학적(地政學的) 상황에 눈을 돌려야 한다. 이스라엘은 아프리카, 아시아, 유럽의 교통 요충지에 위치해 있다. 편할 날이 하루도 없었다. 정복자들의 말발굽이 언제나 이스라엘을 휩쓸고 지나갔다. 지금도 그렇지 않은가? 그 과정에서 유대인들은 조국을 등지고 흩어졌다. 이름 하여 디아스포라(Diaspora)들이다. 이들이 바로 헬라파 유대인이다. 그런데 이들이 중요한 절기면 조국을 찾았다. 오순절 성령강림 현장에 많은 디아스포라들이 있었던 것을 읽을 수 있다(행 2:8-11). 반대로 히브리파 유대인들은 고난과 시련, 나라가 망하는 국란(國亂) 속에서도 조국을 지킨 사람들이다. 누가 더 발언권이나 힘이 있겠는가? 히브리파 유대인들이다. 이들이 곳간 열쇠를 쥐고 있었다. 곳간 열쇠를 쥔 이들이 팔이 안으로 굽는 행동을 했다. 그러다보니 헬라파 유대인들 중에 구제를 꼭 받아야 할 과부들이 구제 명단에서 빠지는 일이 발생했다. 자연히 불평이 생겨나지 않을 수 없었다.

다스리는 자가 받아야 할 것

이 문제가 불거지자 사도들은 교회를 섬길 직분자를 세우기로 했다. 그 과정을 유심히 살펴보자. 사도들이 이렇게 말한다.

> "형제들아 너희 가운데서 성령과 지혜가 충만하여 칭찬받는 사람 일곱을 택하라 우리가 이 일을 그들에게 맡기고"(행 6:3).

이것이 교회 직분자의 자격 기준이다. 아무나 직분자가 되는 것이 아니라, 일정한 자격과 기준이 있다. 나중에 바울은 이 자격을 좀 더 구체적으로 명시한다. 먼저, 장로는 어떤 자여야 하는가?

> "그러므로 감독은 책망할 것이 없으며 한 아내의 남편이 되며 절제하며 신중하며 단정하며 나그네를 대접하며 가르치기를 잘하며 술을 즐기지 아니하며 구타하지 아니하며 오직 관용하며 다투지 아니하며 돈을 사랑하지 아니하며 자기 집을 잘 다스려 자녀들로 모든 공손함으로 복종하게

하는 자라야 할지며 (사람이 자기 집을 다스릴 줄 알지 못하면 어찌 하나님의 교회를 돌보리요) 새로 입교한 자도 말지니 교만하여져서 마귀를 정죄하는 그 정죄에 빠질까 함이요"(딤전 3:2-6).

집사는 어떤 자여야 하는가?

"이와 같이 집사들도 정중하고 일구이언을 하지 아니하고 술에 인박히지 아니하고 더러운 이를 탐하지 아니하고 깨끗한 양심에 믿음의 비밀을 가진 자라야 할지니 이에 이 사람들을 먼저 시험하여 보고 그 후에 책망할 것이 없으면 집사의 직분을 맡게 할 것이요"(딤전 3:8-10).

권사는 어떤 자여야 하는가?

"여자들도 이와 같이 정숙하고 모함하지 아니하며 절제하며 모든 일에 충성된 자라야 할지니라 집사들은 한 아내의 남편이 되어 자녀와 자기 집을 잘 다스리는 자일지니 집사의 직분을 잘한 자들은 아름다운 지위와 그리스도 예수 안에 있는 믿음에 큰 담력을 얻느니라"(딤전 3:11-13).

이 세세한 조건들을 세 단어로 요약하면 성령 충만, 지혜 충만, 칭찬 충만이다. 이런 사람들이 교회의 직분자로서 자격이 있다. 이런 자들을 교회의 직분자로 세워야 한다. 그래야 그 교회가 점점 왕성해 갈 수 있다.

"하나님의 말씀이 점점 왕성하여 예루살렘에 있는 제자의 수가 더 심히 많아지고 허다한 제사장의 무리도 이 도에 복종하니라"(행 6:7).

그런데 그 위의 말씀이 우리의 눈길을 끈다.

"온 무리가 이 말을 기뻐하여 믿음과 성령이 충만한 사람 스데반과 또 빌립과 브로고로와 니가노르와 디몬과 바메나와 유대교에 입교했던 안디옥 사람 니골라를 택하여 사도들 앞에 세우니 사도들이 기도하고 그들에게 안수하니라"(행 6:5-6).

온 무리가 사도들의 말에 동감했다. 그래서 직분자를 세운다. 그런데 저들은 직분자를 세울 때 무엇을 기준으로 삼는가? '믿음과 성령이 충만함'이 그 기준이었다. 자세히 보라. 앞에서 사도들이 제시한 기준과 다르다(행 6:3). 사도들은 성령 충만, 지혜 충만, 칭찬 충만을 자격 조건으로 제시했다. 그런데 투표에 임한 성도들은 '믿음 충만'을 먼저 떠올렸다. 그래서 믿음 충만하고, 성령 충만한 사람 스데반을 위시한 일곱 집사를 택하고 안수하여 직분자로 세운다. 기준에 대해서 잘못 이해했단 말인가? 아니면, 기준을 임의로 자신들이 정했다는 뜻인가? 둘 다 아니다.

바로 이 부분에서 깨달아야 할 중요한 진리가 있다. 그것은 믿음이란 무엇인가에 대한 가르침이다. 다시 사도행전 6장 3절을 더 유의 깊게 보자. '성령과 지혜가 충만하여 칭찬받는 사람'이다. 성령과 지혜가 충만하면 어떤 사람이 된다는 것인가? 칭찬받는 사람이 된다. 그 칭찬받는 사람이 곧 믿음의 사람이다(행 6:5). 참된 믿음은 칭찬으로 표현된다는 뜻이다.

칭찬은 죽음도 이기게 한다

이 책은 처음부터 끝까지 믿음은 표현되어야 한다고 강조한다. 그리고 신앙의 선배들이 표현한 믿음을 제시한다. 아벨은 양을 치는 것으로, 에녹은 자녀 낳는 것으로, 노아는 방주 짓는 것으로, 아브라함은 고향 떠나는 것으로, 사라는 웃음을 되찾는 것으로 표현되었다. 그런데 스데반은 그 믿음이 칭찬받는 것으로 표현되었다. 칭찬받는 것, 이것이 곧 믿음이다. 오래전 『칭찬은 고래도 춤추게 한다』(켄 블랜차드, 21세기북스, 2002.)라는 책이 나와서 베스트셀러가 된 적이 있다. 칭찬이 얼마나 중요한지 알려 준 책이었다. 그러나 역설적이게도 칭찬하는 것도, 칭찬받는 것도 무척 어렵다는 것을 이 책이 베스트셀러가 된 것에서 유추해 볼 수 있다. 그러면 왜 그렇게 칭찬받기가 어려운가? 그것은 죄성(罪性)을 가진 인간은 본성적으로 칭찬에는 무척이나 인색하면서 다른 사람을 비난하고 정죄하는 일에는 무척이나 빠르기 때문이다.

성경은 로마서 3장 10절에서 이렇게 선언한다. "의인은 없나니, 하나도 없다." 우리는 모두 죄인이라는 말이다. 이 죄인들의 특성이 무엇인가?

> "그들의 목구멍은 열린 무덤이요 그 혀로는 속임을 일삼으며 그 입술에는 독사의 독이 있고 그 입에는 저주와 악독이 가득하고 그 발은 피 흘리는 데 빠른지라"(롬 3:13-15).

다른 사람들을 칭찬하지 않는다. 입술에는 독사의 독이 있고, 그 입에는 저주와 악독이 가득하다. 때문에 주님께서 말씀하셨다.

> "어찌하여 형제의 눈 속에 있는 티는 보고 네 눈 속에 있는 들보는 깨닫지 못하느냐"(마 7:3).

어떻게 하면 칭찬과 인정을 받을 수 있을까? 결코 쉬운 일이 아니다. 그런데 성경에 보면 칭찬받는 공동체가 소개되고 있다.

> "믿는 사람이 다 함께 있어 모든 물건을 서로 통용하고 또 재산과 소유를 팔아 각 사람의 필요를 따라 나눠 주며 날마다 마음을 같이하여 성전에

모이기를 힘쓰고 집에서 떡을 떼며 기쁨과 순전한 마음으로 음식을 먹고 하나님을 찬미하며 또 온 백성에게 칭송을 받으니 주께서 구원받는 사람을 날마다 더하게 하시니라"(행 2:44-47).

저들이 '온 백성에게 칭찬'을 받은 이유는 무엇인가? 첫째, 나눔이다. 청지기정신이다. 나누어주지 않는 자는 절대로 칭찬을 받지 못한다. 둘째, 모임이다. 저들은 모이기를 힘쓰는 자들이었다. 셋째, 가정을 행복하게 이끌어 가는 사람이다(행 2:46). 넷째, 성결한 사람이다. 그런데 이것이 말처럼 쉬운 일인가? 혼자서 해낼 자신이 있는가? 그래서 칭찬받는 자의 모습으로 살 수 있는가?

언젠가 누가 집으로 대추를 보내왔다. 그해에 대추가 그렇게 잘 영글었나보다. 빛깔이 그렇게 고울 수 없었다. 대추를 만지작거리다 얼마 전 광화문을 지나치면서 본 교보빌딩 걸개의 시구가 떠올랐다.

대추 한 알
장석주

저게 저절로 붉어 질 리는 없다

저 안에 태풍 몇 개
저 안에 천둥 몇 개

저 안에 벼락 몇 개

　　저게 저 혼자 둥글어 질 리는 없다

　　저 안에 무서리 내리는 몇 밤
　　저 안에 땡볕 두어 달

　　저 안에 초승달 몇 날

한 알의 대추도 잘 영글어서 먹음직스럽게 변하는 것이 쉬운 일이 아니다. 남에게 칭찬을 받는 것은 대추가 잘 영그는 것보다 더 어렵다. 그것은 오직 믿음으로만 가능하다. 그래서 '믿는 사람이'(행 2:44)라고 표현하고 있는 것이다.

　　스데반의 믿음은 어떻게 표현되었는가? 칭찬으로 표현되었다. 믿음이 아니고는 칭찬받는 사람이 될 수 없다. 믿음의 사람이 되면 나눔에 앞장선다. 모이기를 힘쓴다. 가정을 잘 이끌어 나간다. 그리고 성결한 생활을 한다. 이런 사람이 믿음의 사람이요, 이런 사람이 칭찬을 받는다. 스데반은 칭찬받는 사람이었다. 디모데도 칭찬받는 사람이었다.

"디모데는 루스드라와 이고니온에 있는 형제들에게 칭찬받는 자니"(행 16:2).

백부장 고넬료도 칭찬받는 사람이었다.

"그들이 대답하되 백부장 고넬료는 의인이요 하나님을 경외하는 사람이라 유대 온 족속이 칭찬하더니 그가 거룩한 천사의 지시를 받아 당신을 그 집으로 청하여 말을 들으려 하느니라 한대"(행 10:22).

선지자 아나니아도 칭찬받는 사람이었다.

"율법에 따라 경건한 사람으로 거기 사는 모든 유대인들에게 칭찬을 듣는 아나니아라 하는 이가"(행 22:12)

저들의 믿음은 칭찬받는 것으로 나타났다. 믿는 사람의 최종적인 모습은 칭찬받는 것으로 표현된다. 나는 다른 사람에게 칭찬받고 있는가? 그러면 믿음의 사람이다. 그렇지 못한가? 그렇다면 믿음을 점검해 보아야 한다. 우리의 믿음이 남에게 진정으로 인정받으려면 칭찬받아야 한다. 믿음의 사람들은 저마다 칭찬받는 사람들이었다. 이 땅의 모든 크리스천들이 칭찬받는 믿음의 사람으로 살아가기를 간절히 바란다.

점검 CHECK

그대는 칭찬받는 사람인가? 칭찬하고 칭찬받기가 왜 그렇게 어려운가? 직분자인가? 칭찬받는 직분자가 되려면 어떻게 해야 할까?

 수정 CHANGE

칭찬받고 싶다면 모이고 나누어라. 성결하게 행하고 가정을 행복으로 이끌어라. 믿음은 칭찬이다. 칭찬받고 칭찬하라. 특별히 칭찬받기에 온 힘을 기울여라.

 주의 CAUTION

보이는 곳에서만 칭찬받으려고 하지 마라. 그러나 안 하는 것보다는 낫다.

믿음
사용설명서

믿음으로 할 수 있는 놀라운 일들을 알려 주는 친절한 안내서

에필로그

이 시대 진정한 나침반은 무엇인가?

(히 11:32)

믿음의 경주

지난 2009년은 다사다난(多事多難)이란 표현이 무색할 정도로 큰 사건들이 터진 해였다. 글로벌 금융위기의 불안이 팽배한 가운데 2009년을 열었다. 그러더니 연초에 용산 참사가 터졌다. 이어서 전직 대통령들의 죽음이 이어졌고, 후반부에는 신종플루에 모두 몸을 움츠려야 했다. 우리나라에서 2009년 5월에 21,300명, 8월 19,600명, 그리고 10월에는 20,500명이 세상을 떠났다고 한다. 한 달에 평균 2만 명으로 보면 일 년에 24만 명, 경기도 김포시가 현재 22만 명이니 사망만을 생각한다면 이런 시(市)가 일 년에 하나씩 사라지는 셈이다. 그야말로 '주께서 그들을 홍수처럼 쓸어 가신다'(시 90:5). 사망 원인은 암, 뇌혈관질환, 교통사고 등이다. 하늘에서, 땅에서, 바다에서 명(命)을 달리했다. 집안, 차안, 병원 안에서 우리 곁을 떠났다. 권력자, 재벌, 서민들을 막론하고 흔적을 감추었다. 늙은이, 젊은이, 어린이가 더 이상 볼 수 없는 얼굴이 되었다. 그런데 우리는 그들과 달리 지금 여기 서 있다. 호흡하고 있다. 지금까지 살아 있다. 이것이 과연 누구의 은혜인가?

> "그러나 내가 나 된 것은 하나님의 은혜로 된 것이니 내게 주신 그의 은혜가 헛되지 아니하여 내가 모든 사도보다 더 많이 수고하였으나 내가 한 것이 아니요 오직 나와 함께하신 하나님의 은혜로라"(고전 15:10).

오늘 이 사회의 특징은 불확실성이다. 불확실성이 안개처럼 우리 주변에 짙게 드리워져 있다. 이때 의지하고 붙잡아야 할 것이 무엇인가? 진정한 나침반은 무엇인가? 그것은 믿음이다. 이 믿음을 붙잡을 때 하나님은 나침반이 되실 것이며, 우리의 선한 목자가 되실 것이다. 그래서 지금까지 다뤄왔던 주제가 '믿음'이다. 우리는 믿음장이라고 불리는 히브리서 11장을 주목했고, 여기에 등장하는 선진들의 생애를 추적하며 하나님이 정말 기뻐하시는 믿음, 역사가 나타나는 믿음, 은혜를 입을 수 있는 믿음이란 과연 어떤 것인지를 깊이 있게 다루었다.

히브리서 11장은 경주장(競走場)이었다. 이 경주장(競走場)에는 '구름 같이 둘러싼 허다한 증인들'(히 12:1), 즉 관중들이 가득 차 그야말로 인산인해(人山人海)를 이루고 있다. 드디어 응원 소리와 함께 믿음의 경주가 펼쳐졌다. 아벨이 첫 주자로서 스타트 라인에 섰다. '꽝' 총소리와 함께 릴레이 경주가 시작됐다. 아벨로부터 에녹, 에녹으로부터 노아, 노아로부터 아브라함, 사라, 이삭, 야곱, 요셉, 그리고 모세로 바통이 이어진다. 그런데 자세히 보라. 모세가 바통을 누구에게 넘기는가? 여호수아도, 갈렙도 아니다. 기생 라합에게 바통을 넘긴다. 기생 라합, 그녀가 믿음의 대표주자로 뛰고 있다. 운동장에 있는 모든 사람들은 다 깜짝 놀랐다. 마치 뒤통수를 맞은 기분이다. 너무 의외의 인물이 필드(field)에 등장했기 때문이다. 그녀는 몸을 팔아 생계를 이어가는 그야말로 기생이 아닌가! 뭇 사람들에게 손가락질과 조롱, 멸시의 대상인 그녀를 하나님은 대표주자로 내세우신다. 믿음의 사람 중에 믿음의 사람이라고 선언하신다. 너무나 뜻밖이다.

이 기생 라합보다 더 의외의 인물이 있다. 바로 삼손(히 11:32)이다. 삼손이 등장하고 있다. 과연 삼손이 믿음의 선진이라 할 수 있는가? 그를 어떻게 믿음의 조상이요, 우리가 본받아야 할 신앙의 선배라고 할 수 있단 말인가? 도대체 그에게서 무엇을 배운단 말인가!

들릴라의 무릎

주일학교 때 선생님을 통해서 히브리서 11장에 등장하는 사람들의 흥미진진한 스토리(story)를 많이 들었다. 그때 날 가르쳤던 선생님이 '옥한흠 전도사님'이었다. 이야기를 정말 맛깔스럽게 잘 하셨다. 하지만 삼손에 대해서는 들은 바가 없다. 어쩌다 들을 때면 언제나 부정적이었다. 부모님들도 마찬가지다. 자녀를 낳았는데 '삼손'이란 이름을 붙이는 경우를 보지 못했다. 학자들도 마찬가지다. F.B.모르(Moor)라는 유명한 성경학자는 사사기 시대를 410년으로 계산하는데, 그 중에서 삼손이 사사로 활동했던 20년은 시대 계산에서 빼버렸다. 그만큼 부정적이다. 심지어 성경을 쓴 저자조차도 삼손에 대해서는 부정적이다. 어떻게 그것을 알 수 있는가?

"블레셋 사람의 때에 삼손이 이스라엘의 사사로 이십 년 동안 지냈더라"

(삿 15:20).

이 문맥은 그 사람의 행적을 끝낼 때 마지막으로 언급하는 내용이다. 그렇다면 이후에는 삼손에 관한 기사가 나오지 말아야 한다. 그런데 사사시 16장이 길게 이어진다. 그리고 마지막에 다시 한 번 이 문장이 언급된다.

"삼손이 이스라엘의 사사로 이십 년 동안 지냈더라"(삿 16:31b).

왜 이렇게 동일한 내용을 삼손의 경우에만 유독 두 번이나 기록하고 있는 것일까? 우리는 여기서 무엇을 알 수 있는가? 사사기의 저자가 누군지 모른다. 하지만 성령의 감동으로 이 삼손의 행적을 기록해 나가던 성경 저자까지도 삼손에 대해서는 부정적이었다. 그래서 사사기를 15장으로 끝내려했다. 추잡한 스토리(story)를 성경에 기록하고 싶지 않았다. 그런데 성령께서 계속 더 쓰라고 하신다. 마지못해 그는 다시 펜(pen)을 잡고 그의 전기를 기록해나가기 시작했다. 그리고 사사기 16장으로 정말 끝내는 것이다. 성경 저자도 부정적이었음을 알 수 있다. 그래서인지 그에 관한 책도, 설교나 강해집도 없다. 어쩌다가 발견하여 펼치면 처음부터 끝까지 부정적이다.

마크 에트베리(Mark Atteberry)가 쓴 『삼손 신드롬』이란 책이 있다. 저자는 삼손을 이렇게 평가한다.

"그의 태도와 생활방식은 제임스 본드와 너무 비슷하다. 그는 젊고 강하고 잘생기고 도도한 구제불능의 바람둥이였다. 툭하면 문제를 일으켰고, 모골(毛骨)이 송연(悚然)한 탈선행위를 일삼았다. 그는 이기적이고, 천박한 생각에 빠진 플레이보이로서 자신을 탕진해 버렸다. 그는 강한 남자가 왜 실패하는지에 대한 해답이다."

그런데 이런 삼손을 하나님은 믿음의 반열에 세우신다. 아벨과 노아와 아브라함과 모세와 함께 당당히 걸어가게 하신다. 우리를 향해서 '이 삼손을 본받으라. 삼손처럼 믿음의 사람이 되라'고 도전하신다. 실로 충격이 아닐 수 없다. 라합이 믿음의 마지막 주자라면, 삼손은 믿음의 에필로그(epilogue)라 할 수 있다. 에필로그(epilogue)가 무엇인가? 시, 소설, 연극 따위의 끝나는 부분, 소나타(sonata) 형식의 악장에서 부(副)주제 뒤의 작은 종결부를 말한다. 쉽게 말하면 앙코르송이다. 지휘자들이 제일 신경 쓰는 부분이 무엇인지 아는가? 앙코르송이다. 이걸 잘해야 그 음악회의 여운이 오래도록 남는다.

어떻게 삼손이 믿음의 에필로그란 말인가? 그를 통해 오늘 우리가 본받아야 할 믿음이란 도대체 무엇이란 말인가? 그의 행적은 사사기 13장부터 16장까지 소개되고 있다. 그 중에서 그의 믿음을 어디에서 찾아야 할까? 사사기 16장에서 찾아야 한다. 그 이유는 성경 저자가 기록하지 않으려고 했지만 성령께서 기록하라고 강권하심으로 기록한 부분이 바로 사사기 16장이기 때문이다. 그러면 사사기 16장은 어떻게 시작하고 있는가?

"삼손이 가사에 가서 거기서 한 기생을 보고 그에게로 들어갔더니"(삿 16:1).

여기 '가사'는 블레셋 땅이다. 블레셋은 예루살렘의 아래에 위치해 있다. 그러므로 블레셋이 이스라엘과 전쟁을 할 때는 '올라와'란 표현을 쓴다(삿 15:9). 삼손이 가사로 갔다는 것은 예루살렘에서 그곳으로 내려갔다는 뜻이다. 왜 내려갔는가? 기생에게 마음을 빼앗겼기 때문이다. 내려간 자는 빨리 올라와야 한다. 하지만 삼손은 올라오려고 하지 않고, 계속 그곳에 머물렀다. 머물다 보니 또 다른 여자가 눈에 들어왔다. '소렉 골짜기의 들릴라'였다(삿 16:4). 학자들 중에 어떤 이는 기생(삿 16:1)과 들릴라(삿 16:4)가 동일 인물이라고 본다. 하지만 문맥을 자세히 살피면 다른 여인임을 알 수 있다. 그가 성적인 유혹에 빠져 몰입하게 되자 처음 여인은 시시해졌다. 그래서 발로 차 버린다. 그리고선 더 아름답고 매력적인 여인을 찾게 되었다. 그러다가 들릴라란 여인, 재색을 겸비한 이 여인에게 마음이 온통 빼앗겨버렸다. 여자에게 빠진 삼손의 모양을 보라.

"들릴라가 삼손에게 자기 무릎을 베고 자게 하고 사람을 불러 그의 머리털 일곱 가닥을 밀고 괴롭게 하여 본즉 그의 힘이 없어졌더라"(삿 16:19).

그녀의 무릎을 베고 누워 잠들어 버렸다. 그리고 바로 그때 그의 머리카락이 다 잘려져 나갔다(삿 13:5, 7). 그러자 나귀 턱뼈 하나로 천 명을 간단히 처리해 버릴 정도의 강력했던 힘이 사라졌다(삿 15:15). 평범한 사람이 되고 말았다. 두 눈을 뽑혔다. 온몸이 꽁꽁 묶여서 깊은 감옥 속에 던져졌다(삿 16:21). 무엇보다 하나님이 그를 떠나셨다(삿 16:20). 이 모든 일들이 한 순간에 일어났다. 그야말로 눈 깜짝할 순간에 천당에서 천길 만길 지옥으로 떨어져버렸다.

성경은 복 있는 사람은 어떤 자라고 했던가?

"복 있는 사람은 악인들의 꾀를 따르지 아니하며 죄인들의 길에 서지 아니하며 오만한 자들의 자리에 앉지 아니하고"(시 1:1).

그렇다면 복 없는 사람(악인)은 어떤 사람인가? (1) 쫓고(walking), (2) 서고(standing), (3) 앉고(sitting)를 잘 분별하지 못하는 사람이다. 지혜롭지 못한 사람이다. 삼손이 그랬다. 그는 기생을 쫓아 가사로 내려갔다. 여인을 보고서는 넋이 빠지고 말았다. 그리고 그곳에 머물렀다. 앉았다. 삼손은 여기에서 한 걸음 더 나아가 눕는다(lying). 그가 어디에 눕는가? 이방여인의 무릎에 눕는다. 이런 삼손에게서 더 이상 무엇을 기대한단 말인가? 그는 범죄의 늪에 점점 더 깊게 빠져 들어가고 있을 뿐이다. 이런 그를 어떻게 믿음의 사람이며, 우리가 본받아야 할 신앙의 선배라고 할 수 있단 말인가? 어떻게 이런 사람을 히브리서 11장에 등장시키고 있단 말인가? 우리는 그 이유를 찾아야만 한다. 그렇다면 어디에서 찾아야 할까? 역시 사사기 16장이다. 이곳에서 찾아야 한다. 21절을 주목하자.

"블레셋 사람들이 그를 붙잡아 그의 눈을 빼고 끌고 가사에 내려가 놋 줄로 매고 그에게 옥에서 맷돌을 돌리게 하였더라"(삿 16:21).

어처구니를 붙잡은 삼손

들릴라의 무릎에 눕는 순간, 모든 것이 순식간에 날아갔다. 머리카락, 두 눈, 힘, 친구, 직위 다 날아갔다. 쇠사슬에 꽁꽁 묶인 채 깊은 감옥에 갇혔다. 그 감옥 속에서 지금 무엇을 하고 있는가? 그렇다. 캄캄한 감옥 속에서 맷돌을 돌리고 있다. 감옥 속에 맷돌이 왜 등장할까? 분명한 것은 블레셋 원수들이 맷돌을 감옥 속에 넣었다는 것이다. 성경에는 감옥에 갇혔던 자들이 참 많이 있다. 요셉, 다니엘, 베드로, 바울과 실라, 그런데 그 어느 감옥에도 맷돌이 등장하지 않는다. 감옥 속에 갇힌 죄수에게 맷돌을 돌리게 한 적은 없었다. 그런데 왜 하필이면 삼손에게 맷돌을 돌리게 했을까? 우선 이 맷돌은 어떤 맷돌이었을까? 사사기에는 유명한 '맷돌 사건'이 하나 소개되고 있다.

"한 여인이 맷돌 위짝을 아비멜렉의 머리 위에 내려 던져 그의 두개골을 깨뜨리니"(삿 9:53).

졸지에 여자가 던진 맷돌 위짝에 죽게 된 아비멜렉이 자기의 부하에게 빨리 칼로 나를 죽이라고 명령한다. 여자가 던진 맷돌에 죽었다는 오명(汚名)을 남기고 싶지 않기 때문이다. 이 사건은 당시 유명한 사건이다. 삼손도, 블레셋 사람들도 알고 있는 사건이었다.

맷돌을 왜 감옥 속에 넣었을까? 추측컨대 자살(自殺)을 유도하기 위함은 아니었을까? 사나이 기백(氣魄)으로 똘똘 뭉쳐 있던 삼손은 이제 더 이상 그 어떤 소망도 없다. '이 몰골이 도대체 무엇이란 말인가? 더 이상 살아서 뭐하냐? 차라리 깨끗이 끝내라'는 유혹이 뼛속 깊은 곳에서 들려온다. 맷돌 위짝에 생명을 잃은 아비멜렉을 떠올렸을 것이다. 우리나라는 현재 48분(分)마다 한 명씩 자살한다. 하루에 30여 명이 그 고귀한 생명을 끊는다. 재벌 회장, 전직 대통령, 유명 탤런트, 사형수가 왜 그 고귀한 목숨을 끊는가? 자살의 가장 중요한 이유가 무엇인가? 자신이 삼손처럼 되었다고 생각하기 때문이다.

그런데 삼손은 자살하지 않는다. 그 누구보다 성격이 급했던 그였지만 오히려 참고, 또 참으며 맷돌을 돌린다. 우리가 잠시 주목해야 할 것은 맷돌을 돌리고 있는 그의 모습이다. 그날 그가 돌리던 맷돌이 그 여인이 던진 것과 유사한 것이라면 삼손은 그 맷돌을 돌리기 위해 어떤 자세를 잡고 있었을까? 그렇다. 앉아야만 했었다. 들릴라의 무릎에 누웠던 그가 억지로라도 앉지 않으면 맷돌을 돌릴 수 없기 때문이다. 누웠던 그가 앉았다. 그리고 맷돌 손잡이를 붙잡고 돌린다. 계속해서 돌린다. 강조컨대 이 포즈가 대단히 중요하다. 왜냐하면 밑바닥까지 내려갈 대로 내려갔던 그가 다시 상향곡선을 그리기 위한 몸부림을 시작했기 때문이다. 마치 활주로에 길게 누워 있던 비행기가 하늘로 치솟기 위해 기수(機首)를 쳐드는 순간과 다를 바 없다. 그야말로 비상(飛上)하는 순간이다. 경제가 내리막길을 걷다가 상승기류를 타기 시작하는 것과 같다. 한번 상승기류를 타면 비상(飛翔)한다. 그 첫 출발점이 감옥에서 맷돌을 돌리는 것에서부터 시작한다.

그가 누운 상태에서 앉자, 어떤 일이 일어났는가? 선다(삿 16:25). 그리고 다시 좇는다(삿 16:28). 그가 지금 이 신세가 된 것이 들릴라를 좇다가 이리 되었다면 이제는 여호와 하나님을 좇는다.

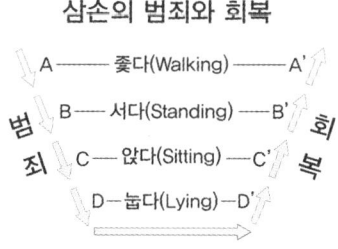

삼손의 범죄와 회복

여호와 하나님을 좇으니 어떤 일이 일어났는가?

"삼손이 이르되 블레셋 사람과 함께 죽기를 원하노라 하고 힘을 다하여 몸을 굽히매 그 집이 곧 무너져 그 안에 있는 모든 방백들과 온 백성에게 덮이니 삼손이 죽을 때에 죽인 자가 살았을 때에 죽인 자보다 더욱 많았더라"(삿 16:30).

그 다음엔 삼손이 붙잡고 있는 것에 주목하자. 그가 붙잡고 있는 것이 무엇인가? 맷돌 손잡이다. 혹시 맷돌 손잡이의 이름을 아는가? '어처구니'다. 그렇다. 삼손은 지금 어처구니가 없다. 천하에 삼손이 이게 무슨 꼴인가? 다 빠져나갔다. 사라졌다. 망했다. 이런 꼴을 상상이나 했겠는가? 하지만 이렇게 망하고 나니 자신의 손에 잡히는 것이 있었다. 맷돌 손잡이, 어처구니다. 과거에 잘 나갈 때는 '어처구니'없는 삶을 살더니 이렇게 모든 것을 잃고 감옥에 와서는 '그래도 어처구니를 붙잡고 있다.' 차가운 감옥 바닥에 누워 깊은 좌절과 후회, 한숨과 눈물과 함께 죽을 날만 기다리던 그가 지금 어처구니를 붙잡고 있다. 그리고 누웠던 자리에서 일어나 앉는다. 앉아서 돌린다. 돌리니 감옥 문이 열렸다(삿 16:25). 선다. 좇는다. 이전에는 이방여인을 좇았는데 이제는 아니다. 하나님을 좇는다. 그 절체절명, 안개가 짙게 드리워진 순간에 믿음을 붙잡는다. 하나님은 이런 삼손을 영원히 내버려두지 않으셨다. 놀라운 역사를 일으키신다. 대역전 드라마의 주인공이 되게 하신다.

믿음의 바통은 이제 우리의 손에 쥐어졌다

이제 알겠는가? 삼손을 왜 믿음의 반열에 세우셨는지 말이다. 그는 깊은 늪과 같이 떨어질 데가 없는 곳까지 떨어진 자였다. 그는 이제 더이상 그 어떤 희망과 꿈도 가질 수 없는 환경에 던져졌다. 손에 쥐고 있는 것은 아무것도 없다. 하나님마저도 그를 떠났다(삿 16:20). 하나님의 사사로 세워진 이가 정말 어처구니가 없다. 하지만 그는 포기하지 않는다. 그러자 어처구니가 쥐어졌다. 그래서 그는 자신의 손에 잡힌 유일한 재산, 어처구니를 붙잡고 포기하지 않는다. 돌리고 또 돌린다. 끝까지 돌린다. 감옥 문이 열릴 때까지 포기하지 않는다.

믿음이란 무엇인가? 하나님이 진정 원하는 믿음이 무엇인가? 내가 지금까지 사랑하고, 귀중하게 생각하고, 믿고 의지했던 모든 것이 다 떠나간 상태, 사라진 상태, 없어진 상태라 할지라도 포기하지 않는 것, 이것이 믿음이다. 지금 내가 가지고 있는 것, 내 손에 잡힌 것, 그것이 정말 보잘 것 없을지라도 포기하지 않는 것이다. 지금 내 신세가 어처구니없다 할지라도 포기하지 않는 것, 이것이 믿음이다. 이 믿음이 삼손의 믿음이었다. 이 믿음을 하나님은 귀하게 보셨다.

하나님은 대단한 것을 가지고 역사하지 않으신다. 모세의 지팡이로 홍해를 가르셨다. 다윗의 물매돌로 골리앗을 쓰러뜨리셨다. 엘리야의 손바닥만한 구름으로 3년 6개월의 가뭄을 끝내셨다. 물고기 두 마리와 보리떡 다섯 개로 5천 명의 굶주림을 해결하셨다. 이 하나님이 나의 하나님이시다.

우리는 그동안 무엇을 좇았는가? 무엇을 열망하며 머물러 섰는가? 어디에 주저앉았는가? 도대체 어떤 자리에 누웠는가? 지금 우리는 어떤 상태에 던져져 있는가? 손에 잡고 있는 것은 무엇인가? 내 모습은 어떠한가? 너무, 어처구니가 없는가? 다시 한 번 자세히 보자. 그래도 어처구니는 있지 않는가!

"비록 무화과나무가 무성하지 못하며 포도나무에 열매가 없으며 감람나무에 소출이 없으며 밭에 먹을 것이 없으며 우리에 양이 없으며 외양간에 소가 없을지라도"(합 3:17).

무화과나무, 포도나무, 감람나무에 소출이 없는가? 하지만 나무는 있지 않는가! 밭에 먹을 것이 없는가. 그래도 밭은 있지 않는가? 우리에 양은 없지만 우리는 있지 않은가! 외양간에 소는 없지만 외양간은 있지 않는가! 이 모든 것이 다 없다 할지라도 여호와 하나님은 계시지 않는가!

"나는 여호와로 말미암아 즐거워하며 나의 구원의 하나님으로 말미암아 기뻐하리로다"(합 3:18).

비록 어처구니가 없지만, 가지고 있는 것이 어처구니에 불과하지만, 이것 꽉 붙잡고 감사하면서 인생의 전환점을 맞이하자. 삼손의 하나님이 나의 하나님이 되실 줄 믿는다. 우리는 지금까지 히브리서 11장을 추적해 오면서 수많은 믿음의 선진들을 만나 보았다. 이들은 그야말로 믿음의 경주자들이었다. '믿음의 바통'(baton)을 이어받으면서 경주해 왔다. 이제 우리에게 이 믿음의 바통이 주어졌다. 어떻게 경주할 것인가? 어떻게 달려갈 것인가? 성경은 다음과 같이 우리에게 도전한다.

> "운동장에서 달음질하는 자들이 다 달릴지라도 오직 상을 받는 사람은 한 사람인 줄을 너희가 알지 못하느냐 너희도 상을 받도록 이와 같이 달음질하라"(고전 9:24).
>
> "내가 이미 얻었다 함도 아니요 온전히 이루었다 함도 아니라 오직 내가 그리스도 예수께 잡힌 바 된 그것을 잡으려고 달려가노라 형제들아 나는 아직 내가 잡은 줄로 여기지 아니하고 오직 한 일 즉 뒤에 있는 것은 잊어버리고 앞에 있는 것을 잡으려고 푯대를 향하여 그리스도 예수 안에서 하나님이 위에서 부르신 부름의 상을 위하여 달려가노라"(빌 3:12-14).

믿음으로 푯대이신 예수 그리스도를 향하여 달려가자. 그리고 달려갈 길을 마쳤을 때 다음과 같은 멋진 믿음의 고백을 남길 수 있기를 바란다.

> "나는 선한 싸움을 싸우고 나의 달려갈 길을 마치고 믿음을 지켰으니 이

제 후로는 나를 위하여 의의 면류관이 예비되었으므로 주 곧 의로우신 재판장이 그날에 내게 주실 것이며 내게만 아니라 주의 나타나심을 사모하는 모든 자에게도니라"(딤후 4:7-8).

점검 CHECK

죄에 빠져 몸부림쳐 본 적이 있는가? 본인의 힘으로 빠져 나올 수 있었는가?
그대가 아직도 의지할 곳이 남았는가? 그것마저 사라졌을 때는 어떻게 할 것인가?

 수정 CHANGE

죄악의 늪에서는 혼자 힘으로 벗어날 수 없다. 하나님께 구원의 밧줄을 달라고 소리쳐라.
믿음은 포기하지 않는 것이다. 모든 것이 다 사라져도 하나님이 계심을 의지하라.

 주의 CAUTION

아직도 깨닫지 못했는가? 예수님만이 우리의 구원자시다.

믿음
사용설명서

"믿음은 바라는 것들의 실상이요 보이지 않는 것들의 증거니 선진들이 이로써 증거를 얻었느니라"(히 11:1-2).